쉽고 빠르게 완성하는 우리 애들 밥

달곰삼삼네 삼남매
집밥 레시피

쉽고 빠르게 완성하는 우리 애들 밥

달곰삼삼네 삼 남매
집밥 레시피

"얘들아 아침 먹고 학교 가자!"

달곰삼삼 지음

비타북스

Prologue

아이가 든든히 아침을 먹고 가면
그날의 엄마 마음도 든든합니다

〈달곰삼삼 우리애들밥〉 유튜브 채널을 운영하고 있는 달곰삼삼입니다. 우리 애들 아침밥을 꼭 챙겨주자는 다짐으로 시작했던 유튜브가 '아침밥 모음'으로 화제가 되면서 어느새 구독자 15만 명을 넘어섰습니다. 모두 저처럼 아침을 챙겨주고 싶은 엄마의 마음으로 이 채널에 모였다고 생각하니, 바쁜 아침 전쟁과 같은 시간을 보내고 있는 엄마들에게 조금이나마 도움이 되고 싶어 책을 쓰게 되었습니다.

저는 세 아이를 둔 평범한 엄마입니다.
첫째가 초등학교에 입학하자 제 몸집만 한 가방을 메고 커다란 고학년 형, 누나들 사이로 교문을 들어가는 뒷모습을 보니 너무 안쓰러웠어요. 아직 어린데, 학교에서 배고프면 말도 못 하고 참아야 하니까 '우리 아기 힘들겠다'라는 생각이 들었어요.
그 다음 날부터 아침을 챙기기 시작했습니다. 세 아이를 준비시키려면 아침마다 전쟁터나 다름없었어요. 첫째가 초등학교에 입학할 때 둘째는 유치원에 입학했고, 막내는 6개월이 된 갓난아기였거든요.
당연한 이야기지만 시간이 많이 걸리는 요리는 할 수가 없었고, 재료가 풍부하게 들어가서 손이 많이 가는 요리도 불가능했어요. 그래도 '아침은 꼭 챙겨주자'라는 마음은 변함이 없었고, 간단하고, 빠르게 완성할 수 있는 레시피로 아이들의 아침 식사를 챙기게 되었습니다. 물론 쉽지 않았어요. 식사 시간에 집중을 못하는 아이, 편식하는 아이… 그 와중에 세 아이 모두 신경 써야 하니, 초반에는 이렇게까지 해야 하나 하는 생각이 들었어요.

식탁만 채우면 든든한 아침 식사 시간이 될 줄 알았는데 현실은 아니었어요. 세 아이 모두 좋아하는 식재료도 편식하는 식재료도 달랐거든요. 맛있다고 맛없다고 하는 메뉴도 다 달라서 애를 먹었어요. 이 책에는 이런 저의 경험을 녹여서 대체적으로 아이들이 좋아하는 맛을 낼 수 있는 레시피가 담겨 있어요. 요리를 잘 못하는 엄마도, 시간이 없는 엄마들도 따라 할 수 있도록 보기 쉽게 정리했어요.

매일 아침 저의 정신을 쏙 빼놓고 키운 아이들이 올해로 첫째는 고등학교 2학년, 둘째는 중학교 2학년, 셋째는 초등학교 4학년이 되었어요. 이제는 스스로 등교 준비를 마친 후 자연스럽게 식탁에 앉아 밥을 먹고 문을 나섭니다. 아침밥을 규칙적으로 먹으면 집중력과 기억력 향상에 도움이 되고, 점심시간에 과식을 하지 않게 되는 등 좋은 점이 많아요. 아침 식사의 장점에 대해서는 이미 많은 정보가 알려져 있어요.

이런 얘기를 들어도 아침밥 챙기는 건 엄두가 나지 않는다고요?
그러면 일주일에 두 번이라도 시작해보세요. 하다 보면 아침밥 챙기는 일이 생각보다 어렵지 않게 느껴질 거예요. 그리고 아이들의 아침밥을 챙겨준 날이면 엄마의 마음도 덩달아 든든해져서 어느새 매일매일 챙기게 될 거예요.

"애들아 아침 먹고 학교 가자!"
세상 모든 엄마들의 바쁜 아침 시간을 응원합니다.

Contents

- 04 **Prologue** 아이가 든든히 아침을 먹고 가면 그날의 엄마 마음도 든든합니다
- 12 달곰삼삼네 삼 남매 레시피는 이런 점이 좋아요!
- 14 **Q&A** 달곰삼삼에게 물어봐!
- 18 달곰삼삼네 한 달 식단 메뉴
- 28   ┗ **특집** 간식이 있는 방학 식단 메뉴
- 30 간단한 요리 팁과 일러두기

PART 1
아침에도 할 수 있는 퀵 요리

- 34 달걀말이밥
- 36 감자수프와 치즈토스트
- 38 새우매생이전
- 40 달걀김자반주먹밥
- 42 게맛살오믈렛달걀말이
- 44 간단짜장밥
- 46 달걀찜
- 47   ┗ 후리가케달걀찜
- 48   ┗ 게맛살달걀찜
- 50 식빵달걀말이

PART 2
속을 데워주는 **아침 국물 요리**

- 54   두부새우국
- 56   고구마수프
- 58   소고기순두부국
- 60   새우젓뭇국
- 62   미역떡국
- 64   게맛살양배추죽
- 66   명란젓국
- 68   참치미역국
- 70   소고기시래깃국
- 72   닭가슴살채소죽
- 75   닭다리닭죽

PART 3
어른까지도 좋아하는 **메인 요리**

80	닭가슴살튀김	112	치즈, 후리가케, 베이컨감자채전
82	삼겹살조림	113	↳ 치즈감자채전
84	가자미조림	114	↳ 후리가케감자채전
86	반반미트볼	115	↳ 베이컨감자채전
88	닭다리살닭한마리	116	돼지갈비양념미트볼
90	돈가스	118	마늘닭봉간장조림
92	닭봉케첩구이	120	소고기감자조림
94	고등어간장조림	122	소고기찹스테이크
96	떡갈비	124	로제소스닭다리살구이
98	수제미트볼	126	닭가슴살꼬치
100	카레생선가스	128	소고기숙주볶음
102	닭다리채소조림	130	참치카레전
104	돼지고기볶음	132	닭가슴살고추장양념구이
106	육전	134	새우완자전
108	소고기떡볶음	136	닭가슴살데리야키구이
110	닭가슴살치즈함박스테이크	138	닭안심주물럭

PART 4
반찬이 필요 없는 **한 그릇 요리**

- 142 부추새우볶음밥
- 144 버섯두부소보로덮밥
- 146 달걀칼국수
- 148 소고기주먹밥
- 150 두부주먹밥
- 152 대패삼겹마파두부
- 154 소고기볶음밥
- 156 베이컨김치김밥
- 158 어묵부추김밥
- 160 순두부팽이버섯카레
- 162 양파달걀볶음밥

PART 5
아이들도 좋아하는 **밑반찬**

166	새우살애호박볶음		192	감자멸치조림
168	가지소고기볶음		194	참치김치동그랑땡
170	어묵당면볶음		196	후리가케두부부침
172	잡채용돼지고기볶음		198	팽이버섯두부조림
174	팽이버섯새우전		200	팽이버섯달걀말이
176	카레두부동그랑땡		202	김가루두부부침
178	닭가슴살고구마조림		204	소시지파프리카볶음
180	닭가슴살장조림			
182	황태채무침			
184	진미채꽈리고추조림			
186	버섯시금치들깨무침			
188	꽈리고추돼지고기완자장조림			
190	숙주나물무침			

PART 6
방학 때도 걱정 없는 **엄마표 맛있는 간식**

- 208 토마토치즈떡파게티
- 210 꼭꼭숨어토스트
- 212 고구마블루베리머핀
- 214 닭가슴살핫바
- 216 치즈밥전
- 218 크럼블토스트
- 220 만두간장떡볶이
- 222 고구마치즈볼
- 224 간단채소빵
- 226 치즈달걀떡볶이
- 228 동글동글어묵밥
- 230 고구마떡구이
- 232 닭가슴살피자토스트
- 234 호두고구마피자
- 236 브런치피자
- 238 감자밥동그랑땡
- 240 미니핫도그
- 242 감자우유조림
- 244 고구마우유파스타
- 246 양념닭튀김

- 250 찾아보기

달곰삼삼네 삼 남매 레시피는
이런 점이 좋아요!

빠르고 간단해요!

모든 요리는 바로 해서 따끈따끈할 때 먹는 게 제일 맛있잖아요. 달곰삼삼 레시피는 빠르고 간단해 바로 요리해서 아이들에게 따끈따끈한 집밥을 먹일 수 있어요.

3세부터 어른까지 온 가족 레시피를 한 방에 해결해요

아이가 셋인 우리 집은 애들 사이에 터울이 좀 있어서 한 번에 요리하기가 쉽지 않았어요. 애들마다 입맛이 다르고, 어른 입맛까지 맞추기는 어려웠죠. 하지만 10년간의 노력 끝에 어린 아이와 초등학생, 고등학생, 어른들까지 모두 좋아하는 레시피가 탄생했어요.

손질이 편한 재료와 맛있는 양념 소스를 마트에서 쉽게 구해요!

생물 생선을 사용하면 당연히 더 맛있고 영양가도 높겠지만 바쁜 엄마들을 위해서 손질된 순살 생선을 사용해요. 이런 제품을 쓰면 식사 시간에 따로 생선을 발라주지 않아도 돼서 엄마와 아이 모두 편합니다. 또, 맛을 내기 위해 어려운 양념 재료를 섞지 않았어요. 시판용 돼지 갈비 양념을 사용하고, 빵이나 간식을 만들 때도 핫케이크 믹스를 사용했습니다. 국물을 낼 때는 코인 육수를 사용하고 시래깃국을 끓일 때도 마트에서 삶은 시래기를 구입해서 사용해요. 하나하나 다 하려고 애먹지 마세요. 마트에서 파는 식재료와 양념으로도 충분히 맛있는 집밥을 만들 수 있어요.

집밥으로 식습관을 길러요

아이들에게는 엄마 음식만 한 게 없어요. 배달 음식, 간편식이 아무리 잘되어 있어도 엄마가 해준 음식만큼 건강한 게 없죠. 아이들도 집밥을 자주 먹으면 배달 음식을 별로 좋아하지 않게 돼요. 자연스럽게 간이 세지 않고 건강한 식재료로 만든 메뉴에 입맛이 길들여져요.

음식에는 맛과 냄새로 기억을 불러일으키는 힘이 있어요. 나중에 우리 애들이 커서 엄마 품을 떠났을 때 음식을 맛보고 엄마 생각을 할 거예요. 어른이 되어서 밖에서 밥을 먹고서는 어릴 때 먹었던 맛있는 집밥을 떠올리며 추억할 거예요. 집밥은 아이의 몸도 자라게 하지만, 가족에 대한 마음도 자라게 해요. 이 책이 아이들의 몸과 마음을 자라게 하는 데 도움이 되었으면 좋겠습니다.

일주일에 한 번 장을 보고, 다양한 메뉴를 고민 없이 구성해요

일주일치 장을 보고 식단을 정할 수 있도록 장보기와 4주 메뉴 구성까지 알차게 담았어요. 주말에 한 번 장을 보고 두 가지 밑반찬을 해둬요. 아침에는 간단하고 빠른 요리를 중심으로, 저녁에는 아이들의 입맛과 영양을 사로잡는 메뉴 중심으로 구성했어요. 정해진 메뉴와 밑반찬 두 가지로 식탁을 다채롭게 채워요. 더 이상 이번 주는 뭘 먹일까 고민하지 마세요. 이 책에 있는 메뉴대로 식탁을 채워보세요.

방학 식사와 간식까지 엄마표로 끝!

집에 있는 시간이 늘어난 방학 동안 '오늘 간식은 뭘 해주지?'라는 고민을 해본 적 있을 거예요. 간식은 식사와는 또 달라요. 2~3시쯤 뛰어놀다 온 아이가 "엄마 배고파요!" 외쳐도 당황하지 않을 수 있도록 집에서 해줄 수 있는 간식 레시피를 꽉꽉 채워 담았답니다. 밥과 치즈만 있어도 해줄 수 있는 치즈 밥전, 핫케이크 믹스로 만드는 머핀… 등 간단한 재료와 귀여운 모양으로 아이들의 눈과 입을 동시에 사로잡아요. 집에 있는 식재료로 아이의 오후를 책임질 수 있어요.

Q & A
달곰삼삼에게 물어봐!

어른 식탁보다 아이 식탁을 채우는 게 훨씬 고민이 돼요.
엄마들의 궁금한 점만 쏙쏙 뽑아 담았어요.

 책에 실린 요리는 몇 살부터 몇 살까지 먹을 수 있나요?

모든 레시피가 유아식에 맞춰진 건 아니지만, 3~4살 유아식을 할 때부터 먹을 수 있는 레시피도 있어서 전체적으로는 3~4살부터 어른까지 커버할 수 있어요.
매운 음식을 좋아하는 중고등학생에게는 좀 아기 반찬 같은 느낌이 들 수는 있어요. 하지만 고등학생인 우리 첫째도 좋아하는 반찬들을 가득 담았어요. 밑반찬의 경우 꽈리고추 같은 식재료도 과감하게 사용해서 어른들도 맛있게 먹을 수 있습니다. 물론 아이들은 꽈리고추를 빼놓고 먹어요. 하지만 양념에 꽈리고추가 들어가면 어른들도 좋아하는 맛이 난답니다.

 온 가족 입맛에 맞도록 간을 맞추는 요령이 있을까요?

대부분 아이들 간에 맞춰서 싱겁게 먹어요. 아이들 간에 맞추면 어른이 먹기엔 간이 약해서 맛이 덜할 수 있지만 먹다 보면 익숙해져서 오히려 자극적인 음식을 피하게 돼요.
이런 식습관을 유지하면 사 먹는 음식은 대부분 짜거나 달아서 자연스럽게 배달 음식이나 간편식들을 멀리하게 되는 이점이 있어요.

 아이가 아침밥을 안 먹고 가서 걱정이에요.

유튜브 댓글에 아침을 먹고 나면 속이 더부룩하고, 부담스럽게 느껴져서 안 먹는 아이들에 대한 고민이 종종 올라와요. 그럴 경우 억지로 먹일 수는 없죠. 아침을 먹었는데 속이 불편하면 학교에서 힘들 테니까요. 학교는 집에서처럼 편히 있을 수 없으니 아이들은 불편함을 배로 느낄 거예요.
하루아침에 아침을 잘 먹기는 힘들어요. 처음엔 아이가 먹기 편한 것부터, 아이가 먹었을 때 속이 편한 것부터 조금씩 시작해보세요. 그리고 나서 아이가 아침 먹는 습관이 자연스러워지면 다양한 메뉴로 바꿔보세요.

Q 아이가 편식을 해서 걱정인데, 고칠 수 있는 방법이 있을까요?

우리 애들도 편식이 정말정말 심해요. 저는 편식하는 식재료가 있다면 꼭 먹어야 하는 미션 반찬으로 만들어줬어요. 식판이나 작은 접시에 꼭 먹어야 할 몫을 놔줘요. 처음엔 작게 잘라 적은 양을 놔주는데, "이 정도 양은 먹을 수 있지?"라고 아이에게 물어보고 많다고 하면 조금 빼주기도 해요. 그렇게 며칠을 꾸준히 먹으면, 다음에 그 반찬이 나왔을 때 거부하지 않았어요.
몇 번 시도하면 먹을 수 없는 반찬에서 먹을 만한 반찬으로 아이들의 생각이 바뀌더라고요.

Q 식사 시간에 아이가 산만해서 너무 힘이 듭니다. 어떻게 하면 식사에 집중하게 할 수 있을까요?

보통 아이가 2~5살일 때 이런 고민을 많이 하는데요. 저도 첫째를 키울 때는 비슷한 생각을 했어요. 하지만 둘째를 키우고, 셋째를 키우면서 생각이 바뀌었어요.
첫째한테는 왜 모든 게 그렇게 급했는지…. 얘는 왜 말을 듣지 않을까, 얘는 왜 이렇게 산만할까, 화가 나서 밥을 치우고 혼내기 일쑤였거든요.
하지만 방법은 간단해요. 일단 엄마가 조급해하지 말아야 해요. 그리고 식사 시간에는 움직이지 않는 거라고 알려주면 돼요. 말로 알려줘서 안 되면 데려와서 앉히고를 반복해요. 당연히 바로 고쳐지지 않아요. 아기니까 오래 걸리는 건데 책처럼 안 되는 게 걱정이고, 힘들었어요.
특히 요즘엔 SNS에 한자리에서 골고루 맛있게 식사를 하는 아기들 영상이 많이 올라와서 '우리 애만 이럴까?'라는 생각을 하는 분들이 늘어난 것 같아요.

하지만 기다려주고, 알려주세요. 그러다 보면 아이도 밥은 한자리에 먹어야 한다는 걸 깨우치게 될 거예요. 그래서 어느 날은 아이가 하고 싶은 걸 하기 위해 엄청난 속도로 밥을 먹어 치우고 자리를 뜨기도 할 거예요.

화내지 말고 조급해하지 마세요. 천천히 알려주고 칭찬해주세요. 식탁 위에서 좋은 말이 오가면 아이도 엄마 아빠도 식사 시간이 즐거워질 거예요. 칭찬을 들은 아이는 식사 시간은 즐거운 시간으로 기억하게 돼요. 당연히 이런 시간을 반복하다 보면 아이도 자연스럽게 식사 시간을 기다리게 되겠죠? 이런 마음으로 육아하니 둘째와 막내는 어렵거나 힘들지 않았어요.

Q 밥, 국, 반찬 이렇게 한 가지씩만 하는 것도 벅찬데 바쁜 아침에 이걸 어떻게 다 요리해주나요?

밥은 저녁에 먹고 남은 밥이 있으면 아침에 주고요, 없으면 저녁에 해놓고 자요. 자기 전에 예약 취사를 해놓으면 아침에 갓 지은 밥을 먹을 수 있어요.

국과 반찬을 한 가지씩 하는 건 생각보다 시간이 오래 걸리지 않아요. 국과 반찬을 동시에 진행하면 되는데요, 국의 육수가 끓을 동안 재료를 손질을 하고, 국이 끓는 동안 반찬을 만들어요.

하지만 저는 아이들 아침을 10년 넘게 챙기고 있어서 요령이 생긴 것 같아요. 처음에는 아침에 다 하기엔 부담스러울 수 있어요. 그렇다면 저녁에 국을 끓여두고, 반찬 재료를 미리 준비해두는 것도 방법이에요. 모든 요리의 레시피가 다르지만 재료를 손질하고, 볶거나 끓이거나 무치거나 하는 과정은 비슷하니 몇 번 익숙해지면 여러분들도 분명 아침마다 빠르게 할 수 있을 거예요.

Q 정말 요리 실력이 없어요, 어떡하면 좋죠?

요리 실력이 없다는 것은 아마도 실력보다는 자신이 없다는 말일 거예요. 하지만 투자한 시간만큼 맛도 자신감도 오르니 걱정하지 마세요.

저도 결혼하기 전엔 요리를 해본 적이 없어요. 결혼 후 제가 한 음식을 맛있게 먹는 남편 모습이 좋고, 아이가 맛있게 먹는 모습이 예뻐서 요리를 자주 하게 됐어요. 실패한 요리도 있고, 맛없는 요리도 있었지만, 그런 과정에서 나만의 레시피가 탄생했어요. 처음엔 레시피를 따라 해도 생각처럼 맛이 안 날 수도 있어요. 그래도 꾸준히 요리하면 나만의 맛을 찾게 됩니다. 레시피에 정답은 없어요. '우리 애들이 이런 맛을 좋아하고, 이 정도의 간이 적당하네'라는 정답은 요리하는 사람만 알고 있어요.

자신감을 갖고 계속 시도해보세요. 점점 자신만의 레시피가 생기고, 아이들에게 "집밥이 제일 좋다!"라는 말을 듣게 될 거예요.

Q 중학생을 두고 있는 엄마예요, 시험 날 아침은 어떻게 챙겨주나요?

시험 기간엔 아이들의 스트레스가 커요. 그래서 입맛도 없고, (고등학생은 더 심해요.) 아침을 챙겨줘도 먹는 둥 마는 둥 할 때가 많아요. 그리고 아이도 시험 기간이라고 이것저것 특별하게 챙기면 오히려 부담스러워 하더라고요. 그래서 저는 시험 기간이라고 특별식을 해주진 않고, 건더기가 부드러운 국을 해주는 편이에요. 편안하게 넘길 수 있고 건더기만 먹어도 속이 어느 정도 든든하게 채워지니까요.

Q 몇 시에 일어나서 준비하세요? 아침 일과가 궁금해요.

아이들의 등교 시간이 8시 50분~9시까지인데요. 집에서 학교가 가까워서 아이들은 8시 35분쯤 나가요. 아이들이 초·중·고등학생이라 학교 갈 준비는 스스로 해요. 막내는 입을 옷을 챙겨주긴 해요. 그래서 7시 30분부터 아침 식사 준비를 하고, 8시 10분쯤 아이들이 밥을 먹기 시작해요. 물론 아이들은 식탁에 앉기 전에 학교 갈 모든 준비를 끝마쳐요. 그러니까 아침 식사는 준비를 다한 후 마무리 과정이 되겠네요. 이렇게 규칙적으로 준비 과정과 순서를 만들어두면 오히려 아침 먹기가 편해요. 애들도 준비를 다하고, 당연히 아침을 먹고 학교 가야 한다고 생각하고 서둘러요. 하지만 어린 아이가 있어서 어린이집이나 유치원을 보내야 한다면 좀 더 일찍 일어나야겠죠. 이때는 유아식을 하는 시기라서 다음 날 아침 식사 메뉴를 저녁에 만들어놓고 자고 아침에 데워주기만 하는 것도 추천해요. 모든 가정이 상황이 조금씩 다르니, 자신에게 맞는 방법을 찾아보세요.

이것 하나면 끝! 엄마들의 걱정을 싹 날려줄

달곰삼삼네 한 달 식단 메뉴

'오늘은 또 뭘 해 먹이지?' 하는 고민, 한 번쯤 해본 적 있을 거예요. 제 유튜브 채널에서도 종종 이런 댓글이 달리곤 합니다. 그래서 엄마들의 고민을 한 방에 날려줄 한 달 식단 메뉴를 구성해봤어요. 식단은 장보기부터가 중요합니다. 저는 일주일치 식단을 정해놓고 주말마다 장을 보는데요. 사온 재료를 정리하고, 밑반찬을 요리해요.

일주일치 밑반찬을 해서 정해놓고, 아침에는 빠른 요리를 중심으로, 저녁에는 아이들이 좋아하는 메뉴를 중심으로 구성해봤어요. 재료는 2인을 기준으로 정리했지만 4인 가족이라면 재료를 두 배로 준비해서 요리하세요. 채소는 제철 채소가 그때그때 다르니까, 레시피와 완벽히 똑같은 채소를 쓰지 않고 다른 채소로 대체해도 괜찮아요. 채소를 다듬고 소분해놓을 시간이 없다면 마트에서 파는 냉동 혼합 채소를 사서 요리해도 무리 없어요.

초등학생부터 고등학생까지 있는 우리 집의 경우 아침 식탁은 꼭 식판을 사용해요. 그래야 어느 정도를 줬는지, 어느 정도를 먹었는지 정확히 알 수 있어요. 또, 바쁜 아침에 접시를 하나하나 내놓지 않아도 되니 간편해요.

이제, 달곰삼삼의 한 달 식단을 소개합니다. 장보기는 마트에서 판매하는 가장 작은 단위로 수량을 표기했어요. 밀가루나 미역 같은 재료, 설탕이나 소금 같은 부재료는 한 번 쓰고 상온 보관한 뒤 다음에 또 쓰기로 해요. 파처럼 자주 쓰는 채소는 한 단을 사서 계속 사용해요. 쓰다 남은 게 있다면 굳이 또 사지 않아도 돼요.

이 책에 있는 식단 말고도 여러분의 식단을 만들어보세요. 아침에는 PART 1에 있는 퀵 요리를, 저녁에는 PART 3에 있는 메인 요리를 중심으로 구성해보세요. 미리 해놓은 밑반찬이 없다면 PART 4에 있는 한 그릇 요리를 시도해보세요.

1주 차 목요일 아침

토마토나 요구르트를 곁들여요.

2주 차 월요일 저녁

3주 차 수요일 아침

초록 채소도 문제 없어!

4주 차 금요일 저녁

간식이 있는 방학 식단 메뉴예요~

달달한 고기 메뉴로 아이들이 좋아하는 **1주 차**

1주 차 장보기

주재료	구매량
가지	1개
감자	2개
달걀	6구
고구마	3개
냉동 혼합 채소	1봉지
닭 가슴살	500g
닭봉	8개
당근	1개
대파	1단
돼지고기 다짐육	500g
두부	2모
맛타리버섯	1팩(200g)
미니 파프리카	3개
방울토마토	1팩(500g)
세멸치	1봉지(500g)
소고기 다짐육	50g
스테이크용 소고기	200g
양송이버섯	1팩(200g)
양파	3개
우유	1팩(900ml)
쪽파	1단

+

부재료
굴 소스
깨
꿀
다진 마늘
들기름
밀가루
버터
빵가루
소금
스테이크 소스
식용유
올리고당
올리브오일
요리술
월계수 잎
진간장
짜장가루
참기름
청주
카레가루
케첩
후추

1주 차 메뉴

	아침	저녁	밑반찬
월	 버섯두부소보로덮밥	 반반미트볼	가지소고기볶음
화	 간단짜장밥	 닭가슴살고구마조림	감자멸치조림
수	 닭가슴살채소죽	 카레두부동그랑땡	
목	 양파달걀볶음밥	 소고기찹스테이크	
금	 고구마수프	 닭봉케첩구이	

특별한 메인 메뉴로 어른들까지 사로잡는 **2주 차**

2주 차 장보기

주재료	구매량
감자	1개
꽈리고추	1봉지(150g)
달걀	10구
닭 다리살	7개
대파	1단
대패삼겹살	1팩(500g)
두부	4모
무	1개
방울토마토	1팩(500g)
부추	1단
삼겹살	200g
숙주	1봉지(200g)
양배추	1통
양파	1개
어린이용 순살 고등어	3토막
오이고추	3개
진미채	1봉지(250g)
크래미	1팩(144g)
통마늘	5개
표고버섯	1팩(130g)

+

부재료
고춧가루
국간장
국물용 멸치
굴 소스
김가루
김자반
깨
다진 마늘
두반장
들기름
부침가루
생 들기름
생크림
소금
식용유
올리고당
요리술
전분
절단 다시마
진간장
참기름
치킨스톡
카레가루
코인 육수
토마토 소스
토마토퓌레
후리가케
후추

담백하고 슴슴해서 맛있는 집밥 **3주 차**

3주 차 장보기

주재료	구매량
감자	1개
달걀	10구
닭 안심	200g
닭봉	10개
당면	1봉지(300g)
대파	1단
동태포	1팩(700g)
미역	1봉지(20g)
맛타리버섯	2팩(400g)
브로콜리	1개
사각 어묵	1봉지(180g)
소고기 다짐육	200g
순두부	2봉지(700g)
슬라이스 치즈	3장
시금치	1단
식빵	1봉지
양파	2개
오이고추	1개
우유	1팩(900ml)
잡채용 돼지고기	250g
파프리카	1개
크래미	1팩(90g)
팽이버섯	1봉지(150g)
풋고추	1개
현미 떡국 떡	1봉지(500g)

\+

부재료
국간장
김가루
깨
다진 마늘
들기름
들깻가루
마요네즈
무염 버터
밀가루
빵가루
설탕
소금
식용유
식초
올리고당
요리술
월계수 잎
진간장
참기름
청주
카레가루
코인 육수
통마늘
튀김가루
파마산 치즈가루
후추

3주 차 메뉴

	아침	저녁	밑반찬
월	 미역떡국	 잡채용돼지고기볶음	버섯시금치들깨무침
화	 소고기볶음밥	 카레생선가스	어묵당면볶음
수	 소고기순두부국	 마늘닭봉간장조림	
목	 게맛살오믈렛달걀말이	 순두부팽이버섯카레	
금	 감자수프와 치즈토스트	 닭안심주물럭	

호로록 국이 있는 식탁 **4주 차**

4주 차 장보기

주재료	구매량
김밥 김	1봉지
냉동 새우살	1봉지(900g)
달걀	10구
닭 다리	5개
대파	1단
돼지고기 다짐육	450g
두부	2모
미역	1봉지(20g)
베이컨	1팩(130g)
부추	1단
삶은 시래기	1팩(200g)
소고기 불고기감	350g
소고기 다짐육	100g
소고기 홍두깨살	100g
숙주	1봉지(200g)
순살 가자미	2마리
시판 칼국수 면	1봉지(2인분)
애호박	1개
양파	2개
전장 조미김	1봉지(20g)
쪽파	1단
참치 캔	2개(300g)
파프리카	1개
팽이버섯	2봉지(300g)
표고버섯	1팩(130g)
홍고추	4개
황태채	1봉지(200g)

+

부재료
고춧가루
국간장
국물용 멸치
굴 소스
김가루
깨
다진 마늘
돼지갈비 양념
된장
들기름
마요네즈
부침가루
설탕
소금
식용유
올리고당
요리술
절단 다시마
진간장
참기름
코인 육수
통마늘
후추

4주 차 메뉴

	아침	저녁	밑반찬
월	부추새우볶음밥	소고기시래깃국 + 가자미조림	 새우살애호박볶음
화	달걀말이밥	두부새우국 + 소고기숙주볶음	 황태채무침
수	닭다리닭죽	참치미역국 + 팽이버섯두부조림	
목	소고기주먹밥	달걀칼국수 + 참치김치동그랑땡	
금	베이컨김치김밥	돼지갈비양념미트볼	

특집 간식이 있는 **방학 식단 메뉴**

방학 식단은 간식이 있는 식단으로 구성했어요. 유치원이나 학교에 보낼 때보다 상대적으로 여유로운 방학 아침은 그날그날 냉장고에 남은 재료에 따라 식단을 구성해요. 그래서 아침 메뉴는 따로 넣지 않았어요. 하지만 가장 고민되는 건 역시 간식이죠! 엄마표 간식으로 맛과 영양 모두 잡았답니다.

방학 1주 차 장보기

주재료	구매량
고구마	4개
꽈리고추	1봉지(150g)
달걀	10구
닭 가슴살	5개(750g)
당면	1봉지(300g)
대파	1단
돼지고기 다짐육	200g
돼지고기 안심	350g
두부	1모
맛타리버섯	1팩(200g)
모차렐라 치즈	1봉지(500g)
비엔나소시지	2봉지(1kg)
사각 어묵	1봉지(180g)
소고기 다짐육	80g
숙주	1봉지(200g)
순두부	1봉지(350g)
슬라이스 치즈	2장
슬라이스 햄	2장
식빵	1봉지
쌀 떡볶이 떡	1봉지(300g)
양파	1개
오이고추	1개
우유	1팩(900ml)
토마토	1개
파프리카	2개
팽이버섯	1봉지(150g)

+

부재료
견과류 믹스
국간장
깨
다시마
다진 마늘
딸기잼
땅콩 분태
밀가루
빵가루
새우젓
생 들기름
설탕
소금
식용유
올리고당
요리술
전분
진간장
참기름
케첩
코인 육수
튀김가루
후추

간단한 요리 팁과 일러두기

- 요리 초보와 시간이 없는 워킹맘들도 쉽게 따라 할 수 있도록 집에서 쓰는 어른 숟가락과 티스푼, 종이컵으로 계량했어요. 따로 계량스푼을 사지 않아도 돼요.
- 대부분의 요리는 2인분 기준으로 재료를 정리했어요. 하지만 아이들과 함께 먹는 2인분이니, 성인 2인분보다는 양이 좀 적어요.
- 닭봉은 한 개에 30~40g 정도 하고, 닭 다리는 한 개에 90~110g 정도 해요. 닭봉과 닭 다리는 g으로 표시하지 않고 개수로 표기했어요.
- 냉동 새우살은 16~20미짜리를 사용했어요.
- 레시피에 들어간 채소는 냉장고에 남은 다른 채소로도 얼마든지 대체 가능해요. 재료를 손질할 시간이 없는 분들은 마트에서 냉동 혼합 채소를 사서 사용하는 것을 추천해요.
- 생선 요리는 손질 생선을 사용했어요. 요즘은 마트에 뼈를 제거한 생선포를 팔아서 간편하게 요리할 수 있어요.
- 레시피에 소금, 후추 등의 양은 정확히 해야 할 때를 제외하고는 '약간'으로 표시했어요. 아이들과 함께 먹는 음식이니 되도록 싱겁게 먹여요. 소금과 간장을 조금씩 추가하면서 간을 맞추세요.
- 식용유는 따로 필요한 양을 표기하지 않았어요. 튀김을 할 때는 넉넉하게 붓고, 굽거나 부칠 때는 재료가 붙지 않을 정도로 적당히 둘러 사용하세요.
- 끓이면서 농도를 맞추거나 취향껏 더 넣을 수 있는 재료들은 '적당량'으로 표시했어요. 요리를 하면서 적절한 재료의 양을 맞춰보세요.
- 이 책에 쓰인 조리 도구는 초퍼, 프라이팬, 오목한 프라이팬, 3구팬, 양수 냄비, 튀김 냄비, 타코야키 팬, 토스트기, 에어프라이어예요.
- 돼지고기 양념, 케첩, 파스타 소스, 굴 소스 등은 마트에서 쉽게 구할 수 있는 제품을 이용해서 요리해요. 똑같은 맛을 내기 위해서 뭘 사야 하는지 고민하는 분들이 많아서 브랜드를 공개해요. 물론 제가 사용하는 제품 말고 그때그때 세일하는 제품을 사서 요리해도 맛을 내는 데 문제없답니다.
  ┗ `백설` 돼지갈비 양념, `백설` 소갈비 양념, `백설` 토마토 라구파스타 소스, `백설` 멸치디포리 가득 육수에는 1분링, `프레스코` 토마토스파게티 소스, `오뚜기` 토마토 케챂, `청정원` 우리쌀 요리주 맛술, `청정원` 햇살담은 국간장, `청정원` 햇살담은 진간장, `청정원` 직화 파기름 굴 소스

"단, 10분만으로 식탁을 채울 수 있는
빠르고 간단한 아침 요리를 시도해보세요!"

PART 1

아침에도 할 수 있는
퀵 요리

**초간단
퀵 요리**

**부담 없는
주먹밥**

**영원한
스테디
달걀 요리**

햇님 같은
달걀말이밥

자른 단면이 햇님 같아 아이들이 좋아하는 메뉴예요.
밥과 김, 달걀만 있으면 쉽고 예쁘게 만들 수 있어서 바쁜 아침에 좋은 메뉴랍니다.
볶음밥으로 말면 저녁 메뉴로도 안성맞춤이에요.

재료

전장 조미김 2장, 밥 1공기, 달걀 3개, 소금 약간, 식용유

🐰 만들기

1. 김을 가로로 놓고, 밥 반 주걱을 넓게 펴서 말아준다.
   TIP 김이 프라이팬보다 길면 반으로 잘라도 돼요.
2. 달걀은 소금으로 간하고 풀어놓는다.
3. 프라이팬에 식용유를 두르고, 달걀물 반을 붓고, 얇게 부친다.
4. 달걀이 완전히 익기 전에 달걀 위에 김밥을 올리고, 돌돌 말아준다.
   TIP 김밥을 살짝 눌러 고정시킨 후 달걀의 한쪽을 들어 올려서 말면 예쁘게 말려요!
5. 달걀말이밥을 이리저리 굴리면서 달걀을 익힌 후 먹기 좋게 잘라서 완성.

● 밥 위에 장조림을 넣고 김으로 말면 더 맛있고 영양 가득한 달걀말이밥을 만들 수 있어요!

가끔은 새롭게~
감자수프와 치즈토스트

바쁜 아침에 간단하게 후다닥 만들 수 있는 메뉴예요.
거의 매일 아침 식사를 밥으로 챙겨주지만 가끔은 이런 아침 식사도 괜찮아요.
치즈토스트를 감자수프에 찍어 먹으면 맛있답니다.

🐰 재료

토스트 식빵 2장, 슬라이스 치즈 2장

수프 감자 1개, 양파 1/6개, 브로콜리 적당량, 무염 버터 20g, 밀가루 1숟가락, 우유 적당량, 소금 약간, 후추 약간, 파마산 치즈가루 약간

🐰 만들기

1 식빵은 한쪽 끝을 남기고 반으로 포 뜬다.
2 식빵 단면 위로 치즈를 올리고 다른 쪽 식빵으로 덮은 후 토스터기에 노릇하게 굽는다.
3 구운 식빵을 손으로 꾹 눌러서 밀착시키고, 길쭉하게 4등분한다.
4 감자, 양파, 브로콜리는 다진다.
   TIP 감자를 작게 다지면 수프가 빨리 완성되고, 큼지막하게 다지면 씹는 맛이 있어요.
5 프라이팬에 버터를 녹인 후 ④를 넣고 볶다가 밀가루를 넣고 더 볶는다.
6 가루가 보이지 않으면 우유를 부으면서 원하는 농도를 맞추며 끓이고, 소금, 후추로 간한다.
7 감자가 익으면 수프를 그릇에 담아 파마산 치즈가루를 뿌리고, 치즈토스트를 곁들여서 완성.
   TIP 취향껏 치킨스톡으로 간을 맞춰도 좋아요.

향긋하고 새로운 맛
새우매생이전

건조 매생이는 따로 손질할 필요가 없어서, 간편하게 반찬으로 활용할 수 있어요.
혹시 매생이를 아이들이 좋아하지 않을까 봐 걱정이세요?
매생이는 미역과 비슷한 맛이라서 우려와 다르게 아이들도 잘 먹어요.
영양이 듬뿍 들어 있는 건강한 음식입니다!

🐰 재료

물 200ml, 건조 매생이 1봉지(2g), 냉동 새우살 5마리, 파프리카 1/4개, 양파 1/6개, 부침가루 8숟가락, 요리술 1숟가락, 소금 약간, 식용유

🐰 만들기

1. 물에 매생이를 넣고 잘 풀어놓는다.
2. 새우, 파프리카, 양파는 초퍼로 다진다.
3. 매생이에 ②를 넣은 후 부침가루, 요리술, 소금을 넣고 잘 섞어서 반죽을 만든다.
4. 프라이팬에 식용유를 두르고, 매생이 반죽을 동글납작하게 올려 앞뒤로 노릇하게 부쳐서 완성.

누구나 손쉽게 만드는
달걀김자반주먹밥

꼭꼭 쥐어 만든 주먹밥에는 바쁜 아침에 하나라도 더 아이들 입에 넣어주고 싶은
엄마의 마음이 담겨 있어요.
김자반과 달걀로 맛과 영양까지 모두 챙겼어요.

재료

달걀 3개, 밥 2공기, 참기름 1숟가락, 깨 1숟가락, 김자반 5숟가락, 소금 약간, 식용유

만들기

1. 달걀은 소금으로 간하고 풀어놓는다.
2. 프라이팬에 식용유를 두르고, 달걀물을 붓고 스크램블한다.
3. 밥에 달걀스크램블, 참기름, 깨, 소금을 넣고 섞은 후 김자반을 넣고 다시 섞는다.
   TIP 김자반은 눅눅해지면 맛이 없어서 대충 빠르게 섞어요.
4. 밥을 동그란 주먹밥 모양으로 뭉쳐서 완성.

결이 없어 부드러운
게맛살오믈렛달걀말이

오믈렛은 달걀을 풀어 얇게 부치는 걸 기본으로 하는 요리입니다.
게맛살과 치즈를 섞어서 스크램블한 후 달걀을 얇게 부쳐서 달걀말이처럼 말았어요.
그래서 마지막에 한 번만 잘 말아주면 되는 달걀말이예요. 똥손도 문제없어요.

🐰 재료

크래미 5개, 마요네즈 1숟가락, 달걀 3개, 슬라이스 치즈 1장, 소금 약간, 식용유

🐰 만들기

1. 크래미를 결대로 풀어 작게 잘라 마요네즈와 섞은 후, 달걀 2개와 치즈를 작게 잘라 넣고 섞는다.
2. 달걀 1개는 소금으로 간하고 따로 풀어놓는다.
3. 프라이팬에 식용유를 두르고, ①을 붓고 스크램블한다.
4. 달걀스크램블이 반쯤 익으면 팬의 한쪽으로 밀어서 직사각형 모양을 잡는다.
5. 프라이팬의 빈자리에 풀어둔 달걀물 반을 붓고 달걀말이처럼 말아준다.
6. 나머지 달걀물 반을 모두 붓고 한 번 더 말아서 한 김 식힌 후 먹기 좋은 크기로 잘라서 완성.

바쁜 아침에도 부담 없는
간단짜장밥

복잡한 재료 손질 없이 만들 수 있어서 바쁜 아침에도 부담이 없는 메뉴예요.
스크램블한 달걀과도 잘 어울리고,
튀긴 물만두와 함께 올려놓으면 간단하게 한 상 차리기가 가능해요.

🐰 재료

양파 1/2개, 물 적당량, 짜장가루 2숟가락, 돼지고기 다짐육 100g, 다진 마늘 0.5숟가락, 요리술 1숟가락, 달걀 2개, 밥 2공기, 후추 약간, 식용유

🐰 만들기

1. 양파는 다진다.
2. 물 1/2컵에 짜장가루를 넣고 섞는다.
3. 프라이팬에 식용유를 두르고, 다진 양파, 돼지고기, 다진 마늘, 요리술을 넣고 볶은 후 후추를 뿌린다.
4. ③에 짜장물을 넣고, 물을 부으면서 원하는 농도를 맞추며 끓인다.
5. 달걀은 스크램블한다.
   TIP 짜장 소스와 함께 먹는 거니까, 달걀스크램블에는 간을 하지 않아도 돼요.
6. 그릇에 밥을 담고 짜장 소스와 달걀스크램블을 얹어서 완성.

밥을 따뜻하게 해주는 두 가지
달걀찜

부드럽고 폭신폭신한 달걀찜을 한 숟가락 푹 떠서, 밥에 비비면
찬밥도 따뜻하고 보들보들해져요.
누룽지를 끓여서 같이 먹어도 아주 잘 어울린답니다.

후리가케달걀찜

재료
달걀 3개, 후리가케 1봉지(9g)

육수 국물용 멸치 5마리, 물 250ml, 절단 다시마 1조각

만들기
1. 멸치는 머리와 내장을 떼어내고, 전자레인지에 1분간 돌린다.
2. 물에 멸치와 다시마를 넣고 끓인다.
3. 달걀은 후리가케를 넣고 풀어놓는다.
4. 육수가 끓으면 멸치와 다시마는 건져내고, 달걀물을 붓고 잘 섞는다.
5. 중불로 줄이고, 냄비 바닥까지 잘 저어가며 섞는다.
6. 끓기 시작하면 뚜껑을 덮고 약불로 줄이고, 달걀이 부풀어 오르면 완성.

게맛살달걀찜

🐰 재료

달걀 3개, 크래미 2개, 소금 약간

육수 물 250ml, 코인 육수 1개

🐰 만들기

1 물에 코인 육수를 넣고 끓인다.
2 크래미는 결대로 작게 찢는다.
3 달걀에 크래미를 넣고, 소금으로 간하고 잘 푼다.
4 육수가 끓으면 ③을 넣고 냄비 바닥까지 잘 저어가며 섞는다.
5 끓기 시작하면 약불로 줄이고, 뚜껑을 덮어 익혀서 완성.

● 달걀찜은 잘 눌어붙어서 두꺼운 냄비에 요리하세요.

간단한 아침을 원한다면
식빵달걀말이

아침으로도 좋고, 간식으로 좋은 식빵달걀말이!
달걀에 채소를 다져 넣으면, 채소를 싫어하는 아이들도 잘 먹는답니다.

🐰 재료

당근 약간, 양파 1/6개, 브로콜리 꽃봉오리 1개, 달걀 3개, 식빵 2장, 슬라이스 햄 2장, 소금 약간, 식용유

🐰 만들기

1. 당근, 양파, 브로콜리는 잘게 다진다.
   TIP 채소는 냉장고에 남은 채소로 대체해도 괜찮아요.
2. 달걀에 다진 채소를 넣고, 소금으로 간하고 잘 푼다.
3. 식빵과 햄은 3등분한다.
4. 프라이팬에 식용유를 두르고, 달걀물이 얇게 깔리도록 붓고 식빵과 햄을 겹쳐서 올린다.
5. 달걀말이처럼 말아서 한 김 식힌 후 먹기 좋게 잘라서 완성.
   TIP 식빵을 한 손으로 눌러주고, 달걀을 말면 식빵이 밀리지 않아요.

● 햄 위에 모차렐라 치즈를 넣어도 맛있어요.

"속을 따뜻하게 채워주는
아침 국에는 엄마의 사랑이 듬뿍 담겨 있습니다."

PART 2

속을 데워주는
아침 국물 요리

필수
국물 요리

브런치
수프

속이 편한
죽

든든하고 시원한
두부새우국

새우와 두부만 건져 먹어도 든든한 두부새우국이에요.
자극적이지 않고 국물 맛이 시원해서 아침 국으로 좋답니다.
아침에 후다닥 끓여서 밑반찬과 함께 내놓으면 건강한 아침 식단이 완성돼요.

🐰 재료

냉동 새우살 10마리, 두부 1/2모, 대파 반 뼘, 다진 마늘 1숟가락, 요리술 1숟가락, 국간장 1숟가락, 소금 약간, 후추 약간

육수 물 600ml, 코인 육수 1개

🐰 만들기

1. 물에 코인 육수를 넣고 끓인다.
2. 새우는 물에 씻고, 두부와 대파는 한 입 크기로 자른다.
3. 육수가 끓으면 새우와 두부를 넣고, 새우가 익을 때까지 끓이면서 올라오는 거품을 건져낸다.
4. 대파, 다진 마늘, 요리술을 추가하고, 국간장과 소금으로 간한 후 후추를 뿌린다.
5. 1~2분간 더 끓여서 완성.

달곰삼삼 기분 좋은
고구마수프

고구마를 넣어서 달콤하고 부드러워요.
아이와 함께 기분 좋은 시간을 가져보세요.
간식으로도 좋고, 아침으로도 좋답니다.

🐰 재료

버터 20g, 밀가루 1숟가락, 우유 적당량, 찐 고구마 2개, 소금 약간, 꿀 약간

🐰 만들기

1 프라이팬에 버터를 잘 녹인다.
2 녹인 버터에 밀가루를 넣고 볶는다.
3 점도가 거의 없는 물 같은 상태가 되면 우유를 붓고 끓이면서 취향껏 걸쭉한 정도를 맞춘다.
4 찐 고구마를 추가하고 으깬 후 소금으로 간한다.
   TIP 군고구마를 넣어도 돼요.
5 수프를 그릇에 담아 꿀을 뿌려서 완성.

속 편하게 호로록~
소고기순두부국

아침에 부담 없이 호로록 먹고 학교 갈 수 있는 국이에요.
부드러운 순두부에 소고기를 넣어서, 따뜻하게 한 그릇 먹으면
오전 내내 속이 든든해요.

🐰 재료

소고기 다짐육 80g, 맛타리버섯 5개, 양파 1/4개, 대파 한 뼘, 순두부 1봉지(350g), 국간장 약간, 들기름 1숟가락

밑간 국간장 1숟가락, 다진 마늘 0.5숟가락, 요리술 1숟가락, 후추 약간

육수 물 500ml, 코인 육수 1개

🐰 만들기

1 물에 코인 육수를 넣고 끓인다.
2 소고기는 키친타월로 핏물을 제거하고, 밑간한다.
3 맛타리버섯, 양파, 대파는 먹기 좋은 크기로 작게 자른다.
4 육수가 끓으면 순두부를 넣고 숟가락으로 자른다.
5 맛타리버섯, 양파를 추가하고, 끓기 시작하면 소고기를 넣은 후 뭉쳐 있는 고기를 숟가락으로 풀어준다.
6 끓이면서 올라오는 갈색 거품을 모두 건져내고, 대파를 넣는다.
7 간을 본 후 부족한 간은 국간장으로 맞추고, 들기름을 둘러서 완성.

> ● 맛타리버섯은 느타리버섯보다 작고, 줄기가 좀 더 두꺼워서 쫄깃한 식감이 좋아요. 맛타리버섯을 구할 수 없다면 느타리버섯으로 요리해도 문제없어요.

무만 있으면 돼!
새우젓뭇국

무만 사오고, 소고기는 깜빡하고 사오지 않았을 때,
우연히 새우젓을 넣은 뭇국을 끓이게 되었어요.
소고기뭇국과는 또 다른 맛으로 시원하고 담백한 새우젓뭇국이에요.

🐰 재료

무 1토막(3cm 두께), 대파 한 뼘, 참기름 1숟가락, 새우젓 1숟가락, 물 600ml, 절단 다시마 1조각, 다진 마늘 0.5숟가락, 소금 약간

🐰 만들기

1 무는 얇게 나박 썰고, 대파는 어슷썰기한다.
2 냄비에 참기름을 두르고, 무와 새우젓을 넣고 볶는다.
3 무가 숨이 죽고 투명해지려고 하면 물을 붓고, 다시마를 넣고 5분간 끓인다.
4 다시마를 건져내어 작게 자른 후 다시 넣고 끓인다.
5 다진 마늘과 대파를 추가하고, 간을 본 후 부족한 간은 소금으로 맞춰서 완성.
   TIP 새우젓을 넣었기 때문에 간을 먼저 본 다음 간을 맞추세요.

건강한 한 그릇에 정성을 담은
미역떡국

가을, 겨울 찬바람이 불어오는 계절에 아침으로 해주면 좋은 메뉴예요.
라면만큼 간단하게 끓일 수 있지만, 건강한 한 끼를 선사해요.

🐰 재료

불린 미역 2숟가락, 현미 떡국 떡 1그릇, 국간장 1숟가락, 다진 마늘 1티스푼, 들기름 1숟가락, 물 500ml, 달걀 1개, 소금 약간

🐰 만들기

1 미역은 물에 불리고, 떡은 물에 헹궈놓는다.
   TIP 불린 미역의 양은 2숟가락이에요. 아주 적은 양만 불리면 돼요.
2 냄비에 불린 미역, 국간장, 다진 마늘, 들기름을 넣고 3분간 볶는다.
3 물을 추가하고 끓기 시작하면 떡을 넣고 더 끓인다.
4 떡이 익으면 달걀을 풀어서 원을 그리며 넣는다.
5 달걀이 익으면 소금으로 간해서 완성.

속이 편안해지는
게맛살양배추죽

양배추를 넣어서 속이 편안해지는 죽이에요.
아이들 아침으로도 좋지만 속이 불편할 때 만들어서 먹기도 좋아요.
재료도 간단해서 빨리 만들 수 있으니 속이 불편할 때 참지 말고,
따뜻하게 요리해서 드세요.

🐰 재료

양배추 적당량, 대파 한 뼘, 밥 1/2공기, 물 적당량, 크래미 3개, 국간장 0.5숟가락, 소금 약간, 식용유

🐰 만들기

1 양배추는 다지고, 대파는 어슷썰기한다.
2 오목한 프라이팬에 식용유를 두르고, 대파를 볶아 파 기름을 낸 후 다진 양배추를 넣고 1분간 볶는다.
3 밥을 추가하고 1분 정도 같이 볶다가, 재료가 자작하게 잠길 만큼 물을 붓고 끓인다.
4 끓어오르면 약불로 줄이고, 크래미를 잘게 찢어 넣고 국간장으로 간하고 끓인다.
5 죽의 농도가 나오면 간을 본 후 부족한 간은 소금으로 맞춰서 완성.

● 먹기 전에 잘게 부순 김과 깨, 들기름을 살짝 뿌리면 더 맛있어요.

새우젓 대신~
명란젓국

새우젓 대신 명란젓을 넣어서 국을 끓였어요.
국물에 녹아 있는 명란젓의 감칠맛이 매우 좋답니다.
국에 있는 명란 한 조각을 떠서 밥과 함께 먹으면 밥도둑이 따로 없어요.

🐰 재료

애호박 1/2개, 두부 1/2모, 백명란젓 3개, 대파 한 뼘, 홍고추 1/2개, 다진 마늘 1숟가락

육수 물 800ml, 절단 다시마 1개, 코인 육수 1개

🐰 만들기

1. 물에 다시마와 코인 육수를 넣고 끓인다.
2. 애호박은 반달 모양으로 얇게 자르고, 두부는 먹기 좋은 크기로 납작하게 자른다.
3. 명란젓은 한 입 크기로 작게 자르고, 대파와 홍고추는 어슷썰기한다.
4. 육수가 끓으면 다시마는 건져내고, 애호박과 두부를 넣고 끓인다.
5. 명란젓과 다진 마늘을 추가하고, 끓이면서 올라오는 거품을 건져낸 뒤 대파와 홍고추를 넣어서 완성.

● 명란젓과 코인 육수로 이미 간이 충분해서 따로 간을 하지 않아도 되는데, 만약 싱겁다면 취향껏 국간장으로 간을 맞추세요. 국간장은 최대 1숟가락 정도가 적당하고, 그래도 부족한 간은 소금으로 맞춰요.

국거리 재료가 없을 때 참 좋은
참치미역국

국은 끓여야겠는데 마땅한 국거리 재료는 없고, 참치 캔 하나가 있더라고요.
그래서 참치 캔을 넣고 미역국을 끓여주었는데, 기대 이상의 맛을 내서 소개합니다.
아이들 모두 국에 밥을 말아서 한 그릇 뚝딱했답니다.

🐰 재료

불린 미역 1그릇, 참치 캔 1개(150g), 국간장 1숟가락, 다진 마늘 0.5숟가락, 물 700ml, 소금 약간

🐰 만들기

1 냄비에 불린 미역과 참치 기름을 넣고 볶는다.
2 국간장과 다진 마늘을 추가하고 조금 더 볶는다.
3 미역이 익으면 물을 붓고 한소끔 끓인다.
4 참치 건더기를 추가하고, 5분간 더 끓인 후 부족한 간은 소금으로 맞춰서 완성.

찬바람 불 때 생각나는
소고기시래깃국

소고기를 넣은 시래깃국을 끓여보세요.
한정식집에 자주 나와서 만드는 방법이 어렵다고 오해하는 분들이 꽤 있어요.
하지만 정말 쉽답니다. 마트에서 삶은 시래기를 살 수 있어서 국만 끓이면 돼요.

🐰 재료

삶은 시래기 100g, 된장 1.5숟가락, 다진 마늘 0.5숟가락, 소고기 홍두깨살 100g, 양파 1/6개, 대파 한 뼘, 홍고추 1/2개, 물 750ml, 코인 육수 1개, 고춧가루 0.3숟가락, 국간장 약간

🐰 만들기

1. 삶은 시래기는 물에 헹구고 물기를 짠 후 먹기 좋은 크기로 자르고, 된장과 다진 마늘을 넣고 버무린다.
2. 소고기는 키친타월로 핏물을 제거하고, 작게 자른다.
3. 양파는 채 썰고, 대파와 홍고추는 어슷썰기한다.
4. 냄비에 식용유를 두르고, 소고기를 볶는다.
   TIP 소고기는 다른 부위를 사용해도 괜찮아요. 지방이 있는 부위라면 식용유를 두르지 않고 볶아요.
5. 소고기가 익으면 시래기를 넣고 1~2분간 더 볶다가, 물과 코인 육수를 넣고 끓이면서 올라오는 거품을 걷어낸다.
6. 고춧가루, 양파, 대파, 홍고추를 추가하고, 더 끓이다가 간을 본 후 부족한 간은 국간장으로 맞춰서 완성.
   TIP 국간장은 1숟가락 정도가 최대이고 그래도 부족한 간은 소금으로 맞추세요.

담백함의 끝판왕
닭가슴살채소죽

쌀쌀한 환절기에 아침으로 끓여주면 좋은 죽이에요.
아침에 따뜻하게 끓여서 아이들이 든든히 먹고 가면,
그날 엄마의 마음도 든든해요.

35 min 2 인분

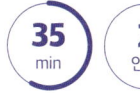

재료

쌀 1컵, 물 750ml, 닭 가슴살 200g, 감자 1개, 양파 1/2개, 당근 적당량, 다진 마늘 1숟가락, 다진 파 1숟가락, 소금 약간, 후추 약간

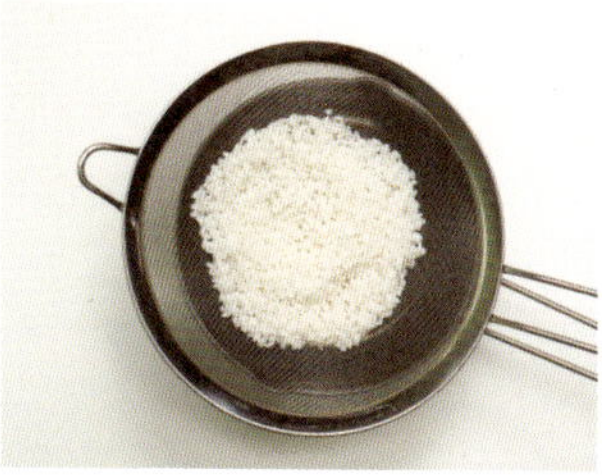
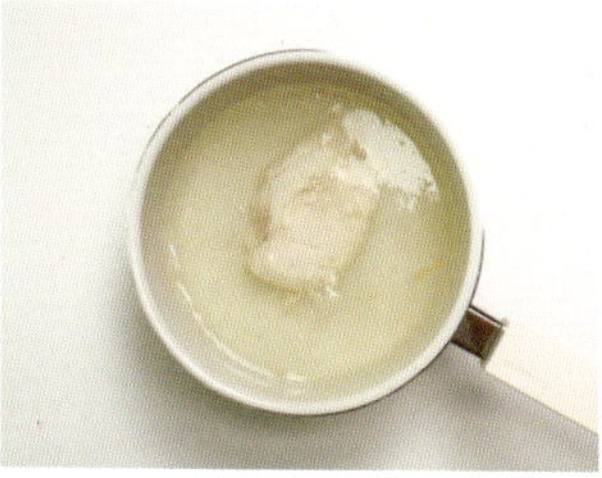
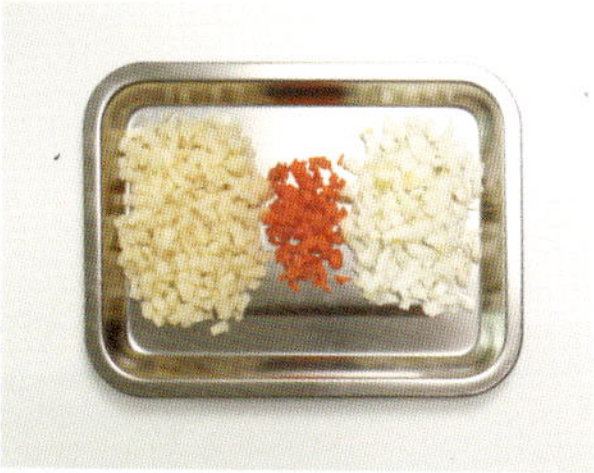
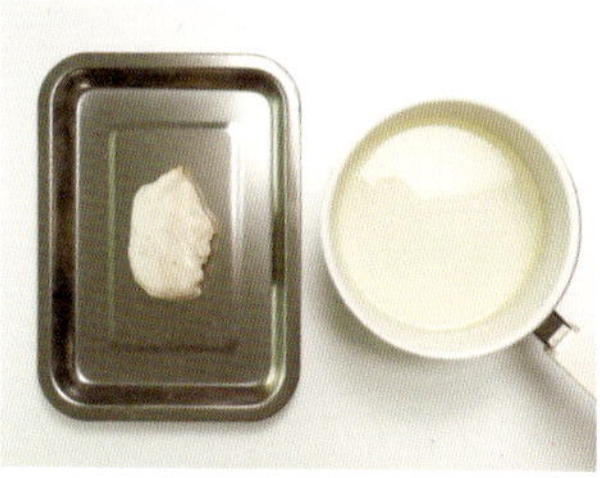
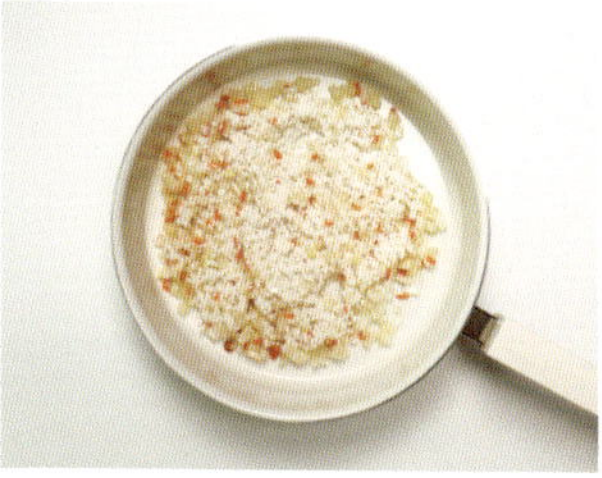
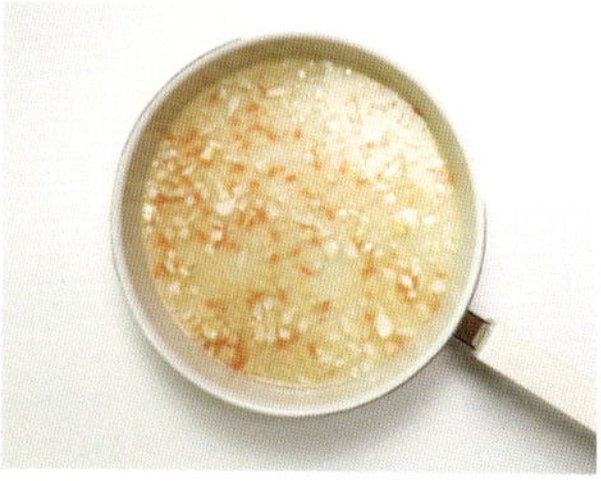
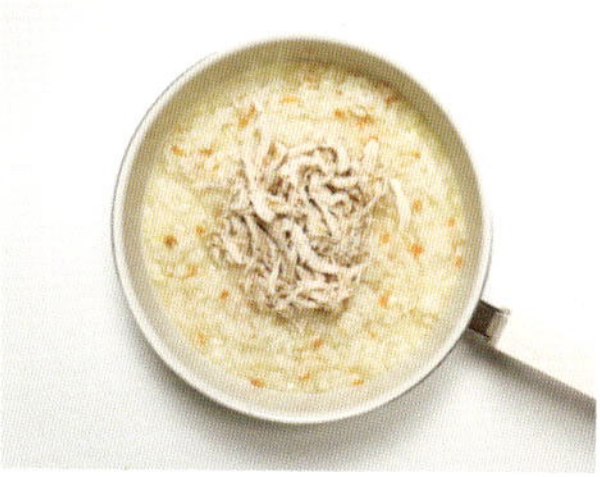
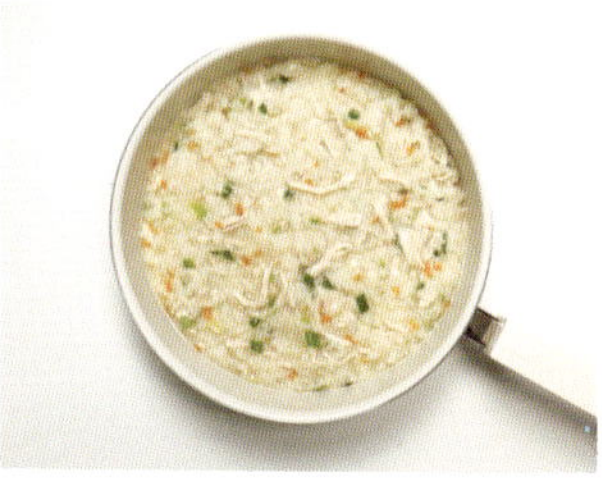

만들기

1 쌀은 물에 불리고, 체에 밭쳐 물기를 뺀다.

TIP 요리 시작하기 10~15분 전에 불리면 돼요.

2 냄비에 물을 넣고 닭 가슴살을 삶으면서 올라오는 거품을 모두 건져낸다.

3 감자, 양파, 당근은 작게 깍둑썰기한다.
4 닭 가슴살이 익으면 건져내고, 국물은 체에 걸러둔다.
5 프라이팬에 식용유를 두르고, 감자, 양파, 당근을 넣고 2~3분간 볶다가, 불린 쌀을 넣고 1분간 같이 볶는다.
6 걸러둔 국물을 추가하고, 끓인다.
   TIP 국물이 너무 줄면 물을 추가하며 끓여요.
7 어느 정도 죽 농도가 나오면 건져놓은 닭가슴살을 잘게 찢어 넣은 뒤 다진 마늘을 넣고 소금, 후추로 간한다.
8 마지막으로 다진 파를 넣고 간을 본 후 부족한 간은 소금으로 맞춰서 완성.

우리 아이 보양식
닭다리닭죽

닭 다리로 닭죽을 끓이면 닭가슴살죽보다 좀 더 깊은 맛이 난답니다.
여름이 끝날 무렵이면 생각이 나는 보양 음식이에요.
백숙을 싫어하는 아이들도 좋아하는 몸에 좋고 편안한 음식이에요.

60 min

3 인분

재료

쌀 1.5컵, 닭 다리 5개, 부추 10줄기, 팽이버섯 적당량, 대파 한 뼘, 통마늘 10개, 물 적당량, 소금 약간, 후추 약간

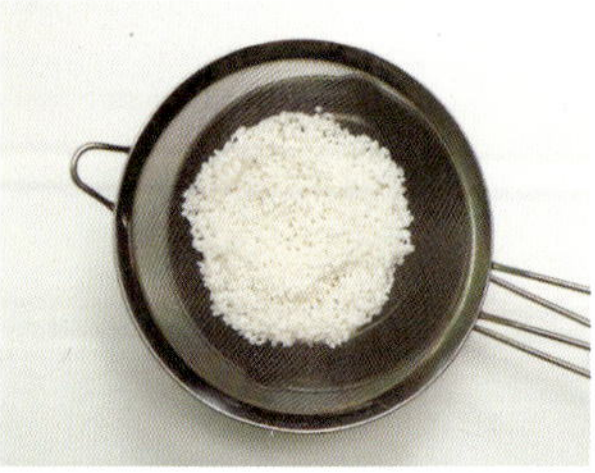
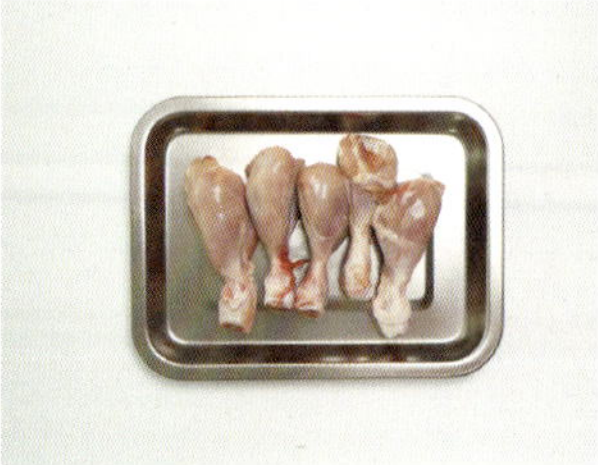
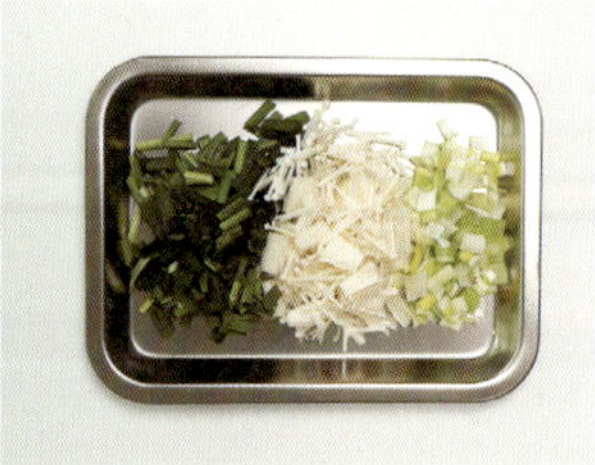
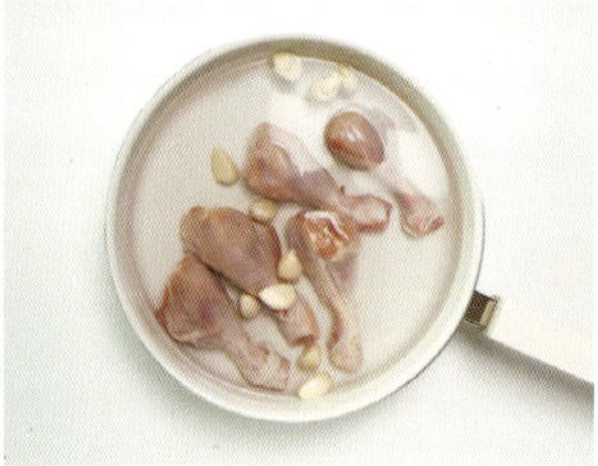
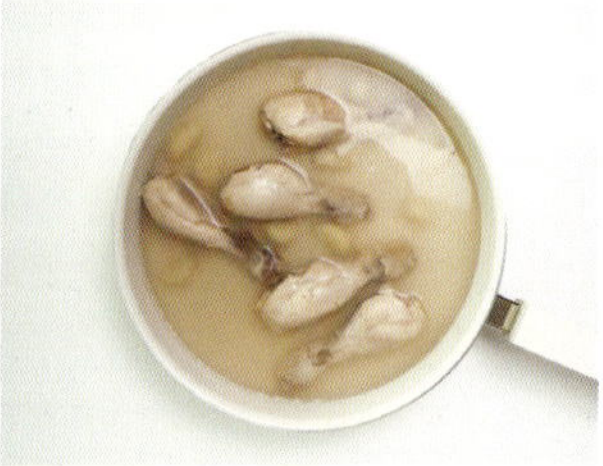
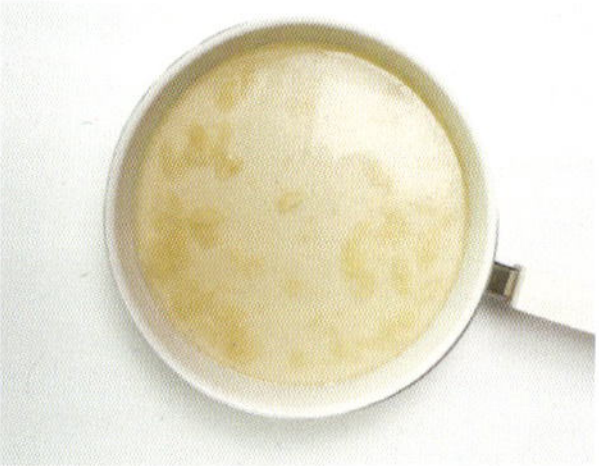
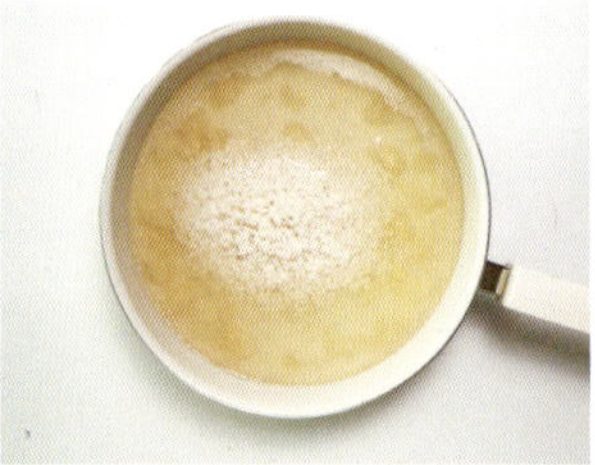
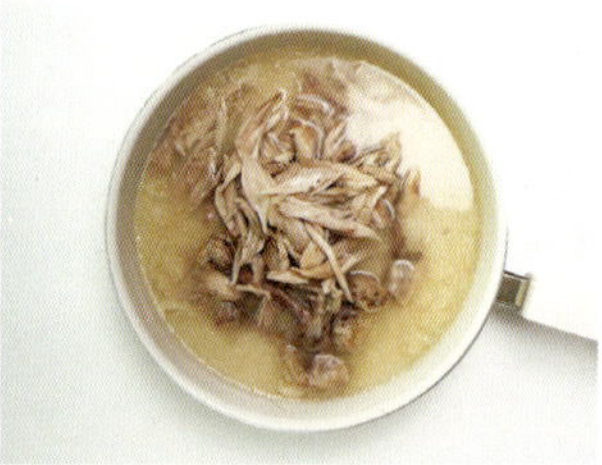
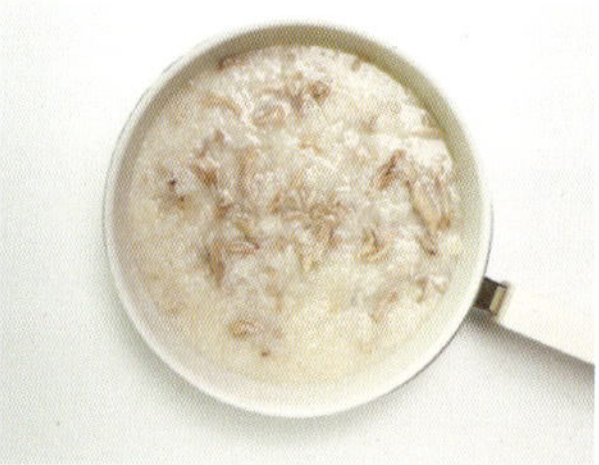
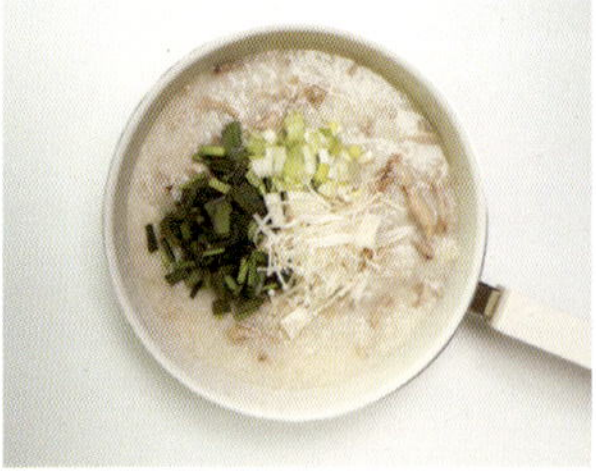
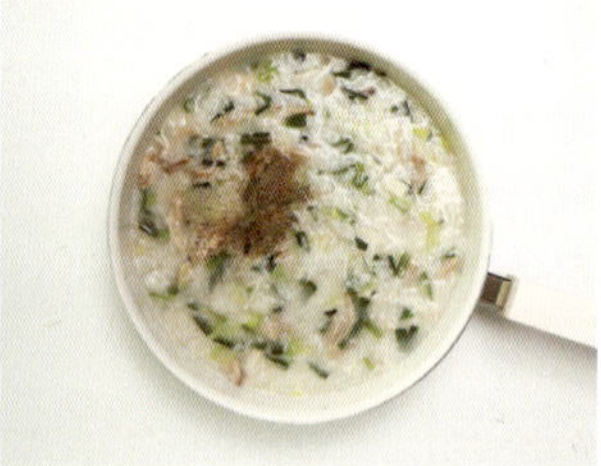

🐰 만들기

1 쌀은 물에 불리고, 체에 밭쳐 물기를 뺀다.
2 닭 다리는 껍질을 벗긴 후 물에 헹군다.
3 부추, 팽이버섯, 대파는 먹기 좋은 크기로 작게 자른다.
4 냄비에 닭 다리와 마늘을 넣고 재료가 잠길 만큼 물을 부은 후 한소끔 끓이면서 올라오는 거품을 모두 건져낸다.
5 뚜껑을 덮고 중불에서 10분간 더 끓인다.
6 닭 다리는 건져내고, 마늘을 으깬 후 쌀과 물 1컵을 넣고 끓인다.
7 익은 닭은 **뼈**와 살을 분리하고, 살을 먹기 좋게 찢는다.
8 ⑥에 뼈와 살을 추가하고 같이 끓인다.
9 쌀이 익어 풀어지면 뼈는 건져내고, 부추, 팽이버섯, 파를 넣고 소금과 후추로 간해서 완성.

"아이들 요리와 어른들 요리를 따로 구분할 필요가 없어요!
온 가족을 사로잡는 특별한 요리를 해보세요."

PART 3

어른까지도 좋아하는
메인 요리

- 특별한 메인 요리
- 집밥 필수 생선 요리
- 안주까지 한 큐에!

치즈가 쏙쏙 들어가서 온 가족이 좋아하는
닭가슴살튀김

닭 가슴살 한 가지로 아이들에게 근사한 반찬을 만들어줄 수 있어요.
퍽퍽 살이 싫다면, 닭 다리살의 껍질을 벗긴 후 돈가스 망치로
얇게 펴서 만들어도 맛있어요.

🐰 재료

닭 가슴살 1개(150g), 슬라이스 치즈 1장, 빵가루 2숟가락, 카레가루 0.5숟가락, 식용유
밑간 요리술 1숟가락, 소금 약간, 후추 약간

🐰 만들기

1 닭 가슴살은 얇게 포를 뜬 후 밑간한다.
   TIP 닭 가슴살은 반드시 짝수가 되도록 포를 뜨세요.
2 닭 가슴살에 치즈를 올리고, 다른 닭 가슴살로 덮은 후 꾹꾹 눌러준다.
3 빵가루에 식용유 0.5숟가락 정도를 넣고 잘 섞은 후 카레가루를 넣고 잘 섞어서 튀김가루를 만든다.
   TIP 빵가루에 식용유를 섞으면 고기에 잘 붙어요.
4 닭 가슴살에 튀김가루 옷을 입힌다.
5 튀김 냄비에 식용유를 붓고, 튀김가루를 떨어뜨려 보글보글 올라오면 닭 가슴살을 넣고 노릇하게 튀겨서 완성.

남은 삼겹살로 만드는 쫄깃쫄깃
삼겹살조림

삼겹살을 구워 먹고 애매하게 남았을 때 하기 좋은 반찬이에요.
하지만 아이들의 반응이 좋아서
아마 일부러 삼겹살을 사서 하게 될 거예요.
어른들이 좋아하는 건 두말할 필요도 없죠.

🐰 재료

삼겹살 200g, 참기름 0.5숟가락

양념 진간장 2숟가락, 다진 마늘 0.5숟가락, 올리고당 2숟가락, 요리술 1숟가락, 후추 약간

🐰 만들기

1. 양념 재료는 잘 섞는다.
2. 프라이팬에 삼겹살을 앞뒤로 노릇하게 굽고, 나오는 기름은 닦아낸다.
3. 구운 삼겹살에 양념을 붓는다.
4. 양념이 고기와 잘 어우러지도록 조린 후 참기름을 둘러서 완성.

● 대패삼겹살로 요리하면 양념이 잘 배서 더 맛있어요.

간단한 생선 반찬이 필요할 땐
가자미조림

생선 손질이 부담스러워서 생선 반찬을 하기가 망설여질 때가 있어요.
특히 아침에는 더욱 그렇죠.
하지만 요즘은 손질 생선이 잘 나와서, 비늘만 뜯어서 바로 요리할 수 있어요.
복잡한 손질 과정 때문에 생선 요리를 꺼려했다면 적극 이용해보세요.

🐰 재료

손질 순살 가자미 2마리, 양파 적당량, 대파 한 뼘, 어슷썬 홍고추 2~3개, 깨 약간, 식용유

양념 진간장 3숟가락, 다진 마늘 0.5숟가락, 설탕 0.5숟가락, 올리고당 0.5숟가락, 요리술 2숟가락, 물 2숟가락

🐰 만들기

1. 프라이팬에 식용유를 두르고, 가자미를 굽는다.
2. 양념 재료는 잘 섞는다.
3. 양파는 채 썰고, 대파는 어슷썰기한다.
4. 가자미가 앞뒤로 노릇하게 익으면 양념을 붓고, 양파, 대파, 홍고추를 넣는다.
5. 가자미에 양념이 잘 배도록 뒤집으며 조리고, 깨를 뿌려서 완성.

고기 반, 두부 반
반반미트볼

미트볼에 채소를 다져 넣는 대신 두부를 넣었어요.
좀 더 담백하고 부드러운 미트볼이 되었답니다.
두부를 싫어하는 아이라도 두부인지 모르고 잘 먹을 거예요.

🐰 재료

미트볼 두부 1모, 돼지고기 다짐육 450g, 진간장 1.5숟가락, 다진 마늘 1.5숟가락, 빵가루 5숟가락, 요리술 2숟가락, 후추 약간, 식용유

소스 다진 마늘 1숟가락, 방울토마토 5개, 진간장 2숟가락, 케첩 6숟가락, 올리고당 5숟가락, 요리술 1숟가락, 물 120ml, 월계수 잎 1~2장, 식용유

🐰 만들기

1 두부는 으깨서 물기를 짠 후 큰 볼에 식용유를 뺀 나머지 미트볼 재료와 모두 넣고 찰기가 생길 때까지 치댄다.
2 고기 반죽을 한 입 크기의 동그란 모양으로 빚는다.
3 프라이팬에 식용유를 두르고, 중불에서 미트볼을 구운 후 접시에 옮긴다.
   TIP 육즙이 빠져나오지 않을 정도로 겉만 익히면 돼요.
4 프라이팬에 식용유를 두르고, 다진 마늘을 볶다가 반으로 자른 방울토마토를 넣고 같이 볶는다.
5 진간장, 케첩, 올리고당, 요리술을 추가해서 볶다가 물을 붓고 끓인다.
6 소스가 보글보글 끓으면 미트볼과 월계수 잎을 넣고 자작하게 조려서 완성.
   TIP 마지막에 치즈가루를 뿌리면 먹음직스러워 보여요.

● 홈메이드 토마토 소스를 미리 만들어서 사용해도 돼요.

닭 칼국수도 가능한
닭다리살닭한마리

닭 다리살을 넣어서 먹기도 편하고, 후딱 만들 수 있는 메뉴예요.
칼국수 면을 넣으면 닭칼국수가 됩니다.
어른들도 함께 즐길 수있는 온 가족 요리를 만들어보세요.

🐰 재료

감자 1개, 표고버섯 1개, 통마늘 5개, 오이고추 1개, 대파 한 뼘, 부추 5줄기, 정육 닭 다리살 3개, 물 750ml, 요리술 2숟가락, 치킨스톡 1숟가락, 소금 약간, 후추 약간

🐰 만들기

1. 감자, 표고버섯, 통마늘은 편 썰고, 오이고추, 대파는 어슷썰고, 부추는 3cm 크기로 자른다.
2. 오목한 프라이팬에 식용유를 두르고, 닭 다리살과 마늘을 넣고 앞뒤로 노릇하게 굽는다.
3. 닭 다리살이 익으면 물과 표고버섯을 넣고 한소끔 끓이면서 올라오는 거품을 모두 건져낸다.
4. 감자를 추가하고 더 끓인다.
5. 감자가 어느 정도 익으면 닭 다리살을 건져내서 먹기 좋은 크기로 자른 후 다시 넣고, 오이고추, 대파, 요리술, 치킨스톡을 추가하고 한소끔 끓인다.
6. 소금, 후추로 간한 후 부추를 추가하고 조금 더 끓여서 완성.

엄마가 해주는 게 제일 맛있어!
돈가스

고기에 양념을 해서 튀긴 돈가스는 고기 잡내가 나지 않아서 훨씬 맛있어요.
양파와 다진 마늘이 고기 맛을 깔끔하게 잡아줘요.
아이들에게 엄마표 돈가스가 가장 맛있다는 말을 들을 수 있어요!

(고기 재우는 시간 제외)

🐰 재료

돼지고기 안심 350g, 달걀 2개, 밀가루 2컵, 빵가루 4컵, 소금 약간, 식용유

밑간 양념 양파 1/6개, 다진 마늘 1숟가락, 요리술 2숟가락, 소금 0.5티스푼, 후추 약간

🐰 만들기

1 양파는 강판에 간 후 나머지 밑간 양념 재료를 모두 넣고 잘 섞는다.
2 돼지고기는 적당한 크기로 자른 후 고기 망치로 두드려서 얇게 편다.
3 돼지고기에 밑간 양념을 골고루 바르고 냉장고에 1시간 이상 둔다.
4 달걀은 소금으로 간하고 풀어놓는다.
5 돼지고기에 밀가루 → 달걀물 → 빵가루 순으로 옷을 입힌다.
6 튀김 냄비에 식용유를 붓고, 빵가루를 떨어뜨려 보글보글 올라오면 돼지고기를 넣고 노릇하게 튀겨서 완성.

치킨 시키지 마세요~
닭봉케첩구이

새콤달콤한 케첩 양념으로 구운 닭고기를 싫어하는 아이가 있을까요?
닭봉이라서 아이들이 손으로 잡고 먹기 편해요.
엄마 아빠 간식으로도 좋은 일석이조 메뉴랍니다.

🐰 재료

청주 1숟가락, 월계수 잎 1장, 닭봉 8개, 식용유

양념 진간장 1숟가락, 다진 마늘 1숟가락, 설탕 2숟가락, 케첩 2숟가락, 요리술 2숟가락, 후추 약간

🐰 만들기

1. 끓는 물에 청주와 월계수 잎을 넣고 닭봉을 데친다.
2. 양념 재료는 잘 섞는다.
3. 닭봉이 팔팔 끓어 부유물이 떠오르면 물을 버리고, 닭봉을 물에 헹군다.
4. 프라이팬에 식용유를 두르고, 닭봉을 노릇노릇하게 굽는다.
5. 양념을 붓고 닭봉에 양념이 찐득하게 붙을 때까지 볶는다.
6. 볶아낸 닭봉을 에어프라이어에서 앞뒤로 180도 3분씩 구워서 완성.

우리 아이들의 밥도둑
고등어간장조림

짭조름하고 고소한 고등어간장조림이 있으면 밥 한 그릇은 뚝딱이에요.
어린이용 순살 고등어로 요리하면 살을 발라주지 않아도 돼서 식사 시간이 편해요.

🐰 재료

무 1토막(3cm 두께), 어린이용 순살 고등어 3토막, 양파 1/4개, 대파 한 뼘, 물 3숟가락

양념 오이고추 1개, 진간장 4숟가락, 다진 마늘 0.5숟가락, 올리고당 2숟가락, 요리술 1숟가락, 후추 약간

🐰 만들기

1. 무를 나박하게 자른 후 냄비 바닥에 깐다.
2. 오이고추를 다진 후 나머지 양념 재료를 모두 넣고 잘 섞는다.
3. 무에 양념 1숟가락을 넣고 버무린 후 위에 순살고등어를 올리고, 양념 2숟가락을 잘 펴 올린다.
4. 양념 위에 양파와 대파를 잘라서 썰어 올리고, 남은 양념을 모두 올린다.
5. 물을 추가하고 뚜껑을 덮어 중불에서 끓인다.
6. 끓어오르면 약불로 줄이고, 물이 자작해질 때까지 조려서 완성.

● 일반 고등어를 사용할 때도 똑같은 순서로 요리하세요.

시판 소스로 간단하게 만드는
떡갈비

마트에서 쉽게 구할 수 있는 시판 소스로 간단하게 만들 수 있는 떡갈비예요.
정성껏 만들어 구워내는 떡갈비의 냄새가
온 집 안에 퍼지면 아이들의 웃음소리가 들려와요.

🐰 재료

소고기 다짐육 200g, 식용유

고기 양념 다진 버섯 적당량, 소갈비 양념 2.5숟가락, 다진 마늘 0.5숟가락, 요리술 1숟가락

🐰 만들기

1. 소고기는 고기 양념 재료를 모두 넣고 치댄다.
2. 프라이팬에 식용유를 두르고, 치댄 소고기를 앞뒤로 노릇하게 구워서 완성.

시판 소스로 간단하게 만드는
수제미트볼

밥 위에 올려도 맛있고, 파스타 옆에 곁들여도 맛있는 아이들의 단골 반찬!
입안에서 살살 녹는 미트볼을 맛보세요.

🐰 재료
돼지고기 다짐육 250g, 방울토마토 5개, 물 120ml, 토마토 소스 5숟가락, 올리고당 2숟가락
고기 양념 진간장 1숟가락, 다진 마늘 1숟가락, 빵가루 1숟가락, 요리술 1숟가락, 후추 약간

🐰 만들기
1 돼지고기는 고기 양념 재료를 모두 넣고 치댄다.
2 고기 반죽을 동글동글하게 빚은 후 프라이팬에 노릇하게 굽는다.
   TIP 소스에 조릴 거니까 미트볼의 표면이 노릇해질 때까지 구워요. 속까지 완벽하게 익히지 않아도 돼요.
3 방울토마토를 반으로 자른 후 미트볼과 같이 굽는다.
4 물을 추가하고, 토마토 소스와 올리고당을 넣고 볶는다.
5 토마토가 익으면 주걱으로 토마토를 으깨고, 소스가 걸쭉해질 때까지 조려서 완성.
   TIP 마지막에 치즈가루를 뿌리면 먹음직스러워 보여요.

동태포로 만드는
카레생선가스

향긋한 카레 향과 담백한 동태전이 잘 어울려서, 아이들이 좋아하는 반찬이에요.
타르타르 소스와 함께 주면 아이들이 잘 먹어서 뿌듯한 마음이 들어요.

🐰 재료

동태포 1팩(700g), 달걀 2개, 튀김가루 2컵, 빵가루 4컵, 카레가루 3숟가락, 소금 약간, 후추 약간, 식용유

🐰 만들기

1. 동태포는 물에 헹군 후 키친타월로 물기를 닦은 다음 소금, 후추로 밑간한다.
2. 달걀은 소금으로 간하고 풀어놓는다.
3. 동태포에 튀김가루 → 달걀물 순으로 옷을 입힌다.
4. 빵가루와 카레가루를 섞은 후 ③에 입힌다.
5. 튀김 냄비에 식용유를 붓고, 빵가루를 떨어트려 빵가루가 보글보글 올라오면 동태포를 넣고 노릇하게 튀겨서 완성.

● **타르타르 소스를 만들어보세요!**

재료 삶은 달걀 1개, 다진 양파 1/2개, 마요네즈 5숟가락, 케첩 1숟가락, 레몬즙 1숟가락, 파슬리가루 약간

1. 큰 볼에 재료를 모두 넣고 잘 섞어서 완성.

찜닭 느낌의
닭다리채소조림

조리는 시간이 오래 걸리지만, 재료 준비하는 시간은 오래 걸리지 않아요.
조리는 동안 아이들을 챙겨줄 수 있어서 아침 반찬으로 해도 부담이 없어요.

🐰 재료

닭 다리 7개, 물 적당량, 감자 2개, 양파 1/2개, 당근 1/2개, 팽이버섯 1/2봉지, 대파 한 뼘

밑간 다진 마늘 1숟가락, 요리술 2숟가락, 소금 0.5티스푼, 후추 약간

양념 진간장 7숟가락, 설탕 1숟가락, 올리고당 4숟가락, 요리술 2숟가락, 후추 약간

🐰 만들기

1 닭 다리는 살이 많은 부분에 칼집을 넣어서 밑간하고, 냉장고에 1시간 이상 둔다.
2 냄비에 닭 다리를 넣고 재료가 잠길 만큼 물을 붓고 끓이면서 올라오는 거품을 모두 건져낸다.
3 감자, 양파, 당근을 큼지막하게 잘라서 넣고 같이 끓인다.
4 감자가 익으면 양념 재료를 모두 넣고 중불에서 15분간 조린다.
5 팽이버섯과 어슷썬 대파를 추가하고 5분간 더 조려서 완성.

● 남은 국물에 참기름, 김가루, 깨를 넣고 밥을 볶아도 맛있어요.

채소 활용 굿~
돼지고기볶음

고기를 한 번에 양념해놓고, 먹을 만큼만 구워요.
구울 때마다 다른 채소를 넣으면, 다른 반찬이 된답니다.

🐰 재료

돼지고기 앞다리살 500g, 오이고추 1개, 양파 1/2개, 대파 반 뼘, 깨 약간

고기 양념 진간장 5.5숟가락, 다진 마늘 1숟가락, 설탕 3숟가락, 참기름 1숟가락, 요리술 3숟가락, 후추 약간

🐰 만들기

1. 돼지고기는 고기 양념 재료를 모두 넣고 양념한다.
2. 오이고추는 어슷썰고, 양파는 채 썬다.
3. 프라이팬에 돼지고기를 굽는다.
4. 오이고추와 양파를 추가하고 고기와 같이 볶는다.
5. 돼지고기가 충분히 익으면 파를 잘라 넣고 깨를 뿌려서 완성.

● 돼지고기는 꼭 앞다리살이 아니어도 괜찮아요.

어렵지 않아요~
육전

고기로 전을 부치는 건 왠지 어려울 것 같지만, 오히려 간단해요.
핏물만 잘 빼주면, 반은 완성한 거나 다름없어요.

🐰 재료

소고기 우둔살 슬라이스 200g, 요리술 2숟가락, 달걀 3개, 부침가루 3숟가락, 소금 약간, 식용유

🐰 만들기

1 소고기는 키친타월로 핏물을 제거하고, 앞뒤로 요리술을 뿌린다.
2 달걀은 소금으로 간하고 풀어놓는다.
   TIP 소금 대신 후리가케로 간을 해도 맛있어요.
3 소고기에 부침가루 → 달걀물 순으로 옷을 입힌다.
4 프라이팬에 식용유를 두르고, ③을 앞뒤로 노릇노릇하게 부쳐서 완성.

반찬도 되고, 간식도 되는
소고기떡볶음

명절이 지나면 냉동실 한편에는 늘 떡국 떡이 있어요.
떡국 말고 볶음으로 만들면, 새롭게 즐길 수 있어요.
떡이 얇아서 양념도 잘 배고, 식감도 부드러워서 술술 넘어가요.

🐰 재료

잡채용 소고기 120g, 떡국 떡 1그릇, 파프리카 1/2개, 대파 반 뼘, 참기름 1숟가락, 깨 약간, 식용유

고기 양념 진간장 2.5숟가락, 다진 마늘 0.5숟가락, 올리고당 2숟가락, 요리술 1숟가락

🐰 만들기

1. 소고기는 고기 양념 재료를 모두 넣고 양념한다.
2. 떡은 물에 불린다.
3. 프라이팬에 식용유를 두르고, 소고기를 볶는다.
4. 파프리카를 작게 잘라서 넣고, 같이 볶다가 고기가 거의 익으면 떡국 떡을 넣고 더 볶는다.
5. 어슷썬 대파를 추가하고, 떡이 말랑해질 때까지 볶다가 참기름과 깨를 뿌려서 완성.

● 떡볶이 떡으로 요리해도 맛있어요. 간식으로 해줄 때는 간장을 조금만 넣으세요.

찹찹 갈기만 하면 되는 초간단
닭가슴살치즈함박스테이크

초퍼에 모든 재료를 넣고 갈아주면 뚝딱 만들 수 있어서 요알못도 문제없어요.
근사하고 든든한 한 끼를 완성해보세요.

🐰 재료

닭 가슴살 1개(150g), 파프리카 1/4개, 당근 적당량, 대파 한 뼘, 다진 마늘 0.5숟가락, 빵가루 2숟가락, 요리술 1숟가락, 모차렐라 치즈 3숟가락, 소금 약간, 후추 약간, 식용유

🐰 만들기

1. 초퍼에 닭 가슴살과 채소를 모두 넣고 간다.
2. ①에 다진 마늘, 빵가루, 요리술, 소금, 후추를 넣고 끈기가 생길 때까지 치댄다.
3. 고기 반죽을 3등분한 후 치즈를 1숟가락씩 넣어서 동그란 모양으로 빚는다.
4. 프라이팬에 식용유를 두르고, 중약불에서 프라이팬 뚜껑을 덮고 고기 반죽을 앞뒤로 노릇하게 구워서 완성.

● 채소는 다른 채소로 바꿔도 괜찮으니 냉장고에 남은 식재료를 활용해보세요. 닭 가슴살 대신 닭 안심으로 요리해도 좋아요. 취향껏 시판 소스를 뿌려 먹어요.

감자채전 삼총사
치즈, 후리가케, 베이컨감자채전

감자채전은 감자만 있으면 되는 아주 간단한 요리예요.
감자채전에 재료를 한 가지만 추가하면, 다양한 감자채전을 만들 수 있어요.

치즈감자채전

재료

감자 1개, 모차렐라 치즈 1.5숟가락, 소금 약간, 식용유

만들기

1. 감자는 껍질을 벗겨서 채칼로 채 썬 뒤 소금으로 간한다.
2. 3구 팬에 식용유를 두르고, 채 썬 감자를 얇게 펴서 부친다.
3. 한쪽 면이 노릇하게 익으면 감자채를 뒤집은 다음 치즈를 올리고 반달 모양으로 접는다.
   TIP 감자채를 너무 두껍게 올리면 잘 접히지 않으니 얇게 올리세요.
4. 치즈가 녹을 때까지 노릇노릇하게 구워서 완성.

후리가케감자채전

재료

감자 1개, 후리가케 0.5숟가락, 식용유

만들기

1. 감자는 껍질을 벗겨서 채칼로 채 썬다.
2. 감자에 후리가케를 넣고 잘 섞는다.
   TIP 후리가케에 간이 되어 있기 때문에 소금 간은 하지 않아요.
3. 프라이팬에 식용유를 두르고, 감자채를 얇게 펴서 앞뒤로 노릇노릇하게 부쳐서 완성.
   TIP 감자채전은 잘 익히지 않으면 감자 비린 맛이 나기 때문에 노릇하고 바삭하게 익히세요.

베이컨감자채전

재료

감자 1개, 베이컨 1줄, 식용유

만들기

1. 감자는 껍질을 벗겨서 채칼로 채 썬다.
2. 감자에 베이컨을 작게 잘라 넣고 잘 섞는다.
   TIP 베이컨이 짜기 때문에 소금 간은 하지 않아요.
3. 프라이팬에 식용유를 두르고, 감자채를 얇게 펴서 앞뒤로 노릇노릇하게 부쳐서 완성.
   TIP 감자채전은 잘 익히지 않으면 감자 비린 맛이 나기 때문에 노릇하고 바삭하게 익히세요.

편식하는 채소도 쏙 감출 수 있는
돼지갈비양념미트볼

돼지갈비 양념으로 미트볼을 했더니 아이들이 너무 좋아했어요.
미트볼 안에 먹기 싫어하는 채소를 다져 넣어도 아이들이 눈치채지 못해요.

🐰 재료

미트볼 팽이버섯 1/2봉지, 양파 1/2개, 돼지고기 다짐육 450g, 시판 돼지갈비 양념 2숟가락, 다진 마늘 1.5숟가락, 빵가루 2숟가락, 요리술 2숟가락, 소금 0.5티스푼, 후추 약간, 식용유

소스 물 적당량, 파프리카 1/2개, 양파 1/2개, 시판 돼지갈비 양념 7숟가락, 쪽파 1대, 깨 약간

🐰 만들기

1. 팽이버섯과 양파는 잘게 다진 후 프라이팬에 식용유를 두르고, 소금과 후추로 간하고 노릇하게 볶는다.
2. 식용유를 뺀 나머지 미트볼 재료와 ①을 모두 넣고 끈기가 생길 때까지 치댄 후 고기 반죽을 동글동글한 모양으로 빚는다.
3. 프라이팬에 식용유를 두르고, 미트볼을 굽는다.
4. 미트볼의 표면이 노릇하게 익으면 재료가 반쯤 잠길 만큼 물을 붓고, 파프리카와 양파를 먹기 좋은 크기로 잘라 넣고 볶는다.
5. 돼지갈비 양념을 추가해서 더 볶다가 걸쭉해지면 쪽파를 잘라 넣고, 깨를 뿌린 후 1~2분간 더 조려서 완성.

● 양파와 팽이버섯 대신 다른 채소를 넣어도 괜찮아요.

가족 모두 즐길 수 있는
마늘닭봉간장조림

구운 마늘이 고소하고 향긋한 닭봉조림이에요.
아이들에겐 밥반찬, 엄마 아빠에게는 간단한 맥주 안주로도 너무 좋답니다.

🐰 재료

월계수 잎 1장, 청주 1숟가락, 닭봉 10개, 통마늘 3~4개, 식용유

양념 진간장 3.5숟가락, 다진 마늘 0.5숟가락, 올리고당 3숟가락, 식초 1.5숟가락, 요리술 1숟가락, 물 120ml, 후추 약간

🐰 만들기

1. 끓는 물에 월계수 잎, 청주를 넣고 닭봉을 2~3분간 데친다.
2. 닭봉을 물에 헹군 후 프라이팬에 식용유를 두르고, 노릇하게 굽는다.
3. 통마늘을 편으로 썰어서 넣고 같이 굽다가 노릇해지면 마늘을 건져내고, 키친타월로 기름기를 제거한다.
4. 양념 재료는 잘 섞는다.
5. ②에 양념을 붓고 양념이 끓기 시작하면 불을 줄이고 뚜껑을 덮어서 익힌다.
6. 소스에 농도가 생기고 물이 거의 없어지면 구운 마늘을 넣는다.
7. 양념이 진득해질 때까지 조금 더 조려서 완성.

- 브로콜리나 그린빈 같은 채소를 넣고 같이 조려도 맛있어요.

햇감자가 나오면 생각나는
소고기감자조림

소고기감자조림은 언제 해도 맛있지만, 특히 햇감자가 나올 때 하면 더 맛있어요.
포슬포슬한 감자와 짭조름한 고기 양념이 잘 어울려서
햇감자가 나오는 봄이 되면 꼭 하는 메뉴예요.

재료

감자 3개, 양파 1/2개, 당근 적당량, 대파 한 뼘, 홍고추 1개, 소고기 불고기감 200g, 다진 마늘 1숟가락, 물 적당량, 참기름 1숟가락, 후추 약간, 식용유

양념 진간장 4숟가락, 설탕 1숟가락, 올리고당 2숟가락, 요리술 2숟가락

만들기

1. 감자, 양파, 당근은 먹기 좋은 크기로 자르고, 대파와 홍고추는 어슷썰기한다.
2. 소고기는 키친타월로 핏물을 제거하고, 먹기 좋게 자른다.
3. 프라이팬에 식용유를 두르고, 강불에서 감자, 양파, 당근을 볶는다.
4. 소고기를 넣고 같이 볶다가 다진 마늘을 넣고 더 볶는다.
5. 감자가 거의 익으면 재료가 살짝 잠길 만큼 물을 붓고 끓이면서 올라오는 거품을 모두 건져 낸다.
6. 양념 재료를 추가하고 끓이다가 감자가 푹 익고 국물이 자작해지면 대파, 홍고추, 참기름, 후추를 넣어서 완성.

기분 좋게 등교하는
소고기찹스테이크

아이들이 아침밥을 잘 먹고 기분 좋게 등교하면 하루의 시작이 좋잖아요.
하루의 시작을 즐겁게 만들어주는 반찬이에요.
강불에 볶는 요리라 만드는 시간이 오래 걸리지 않는답니다.

🐰 재료

스테이크용 소고기 200g, 양파 1/2개, 미니 파프리카 3개, 양송이버섯 2개, 버터 1숟가락

밑간 올리브오일 1숟가락, 소금 약간, 후추 약간

소스 진간장 1숟가락, 다진 마늘 0.5숟가락, 스테이크 소스 3숟가락, 케첩 2숟가락, 올리고당 1숟가락, 요리술 1숟가락, 후추 약간

🐰 만들기

1 소고기는 밑간한다.
2 양파, 파프리카, 양송이버섯은 한 입 크기로 자른다.
3 소스 재료는 잘 섞는다.
4 강불에 예열된 프라이팬에 소고기를 굽는다.
5 고기가 익으면 건져내고, 프라이팬에 버터를 녹이면서 채소를 모두 넣고 볶는다.
6 양파가 투명해지려고 하면 고기를 넣고 1~2분간 같이 볶다가 소스를 붓고 더 볶아서 완성.

● 스테이크용 소고기가 없다면, 다른 부위 구이용으로 요리해도 괜찮아요.

또 해주세요!
로제소스닭다리살구이

로제떡볶이를 해주었더니, 아이들이 잘 먹고 좋아했어요.
그래서 닭 다리살을 넣고, 반찬으로 해주었는데
떡볶이와는 또 다른 매력으로 아이들의 입맛을 사로잡았답니다.

🐰 재료

정육 닭 다리살 4개, 양파 1/4개, 방울토마토 5개, 소금 약간

밑간 다진 마늘 0.5숟가락, 요리술 1숟가락, 소금 0.5티스푼, 후추 약간

소스 토마토퓨레 2숟가락, 토마토 소스 50ml, 고춧가루 0.5숟가락, 카레가루 0.5숟가락, 생크림 50ml, 올리고당 1숟가락

🐰 만들기

1. 닭 다리살은 밑간한다.
2. 양파는 채 썰고, 방울토마토는 반으로 자른다.
3. 소스 재료는 잘 섞는다.
4. 프라이팬에 식용유를 두르고, 닭 다리살을 굽는다.
5. 닭 다리살이 노릇하게 익으면 먹기 좋은 크기로 자르고, 양파와 토마토를 넣고 같이 굽는다.
6. 소스를 추가하고 볶다가 소스가 꾸덕해지면 부족한 간은 소금으로 맞춰서 완성.

● 떡볶이 떡을 취향껏 추가해서 요리해도 맛있어요.

도시락 반찬으로 좋은
닭가슴살꼬치

학원 가는 시간이 애매하게 남은 날, 학교 끝나는 시간에 맞춰 도시락을 싸서 학교에 갔어요.
꼬치라서 들고 먹기 편하고, 짭조름한 닭꼬치가 밥과 아주 잘 어울려서
아이가 맛있게 먹었어요.
어디 가기 전에 이렇게 든든히 먹이면 엄마의 마음이 한결 편해져요.

🐰 재료

닭 가슴살 3개(400g~450g), 식용유

밑간 다진 마늘 0.5숟가락, 요리술 2숟가락, 소금 약간, 후추 약간

양념 다진 홍고추 약간, 다진 대파 약간, 진간장 2숟가락, 생강가루 1꼬집, 설탕 0.5숟가락, 올리고당 0.5숟가락, 레몬즙 0.5숟가락, 요리술 2숟가락

🐰 만들기

1 닭 가슴살은 한 입 크기로 자르고, 밑간한다.
2 양념 재료는 잘 섞은 후 전자레인지에 1분씩 2번(총 2분) 돌린다.
   TIP 한 번에 2분을 돌리면 끓어 넘치니 유의하세요.
3 닭 가슴살을 꼬치에 끼운다.
4 프라이팬에 식용유를 두르고, 닭꼬치를 굽는다.
5 닭꼬치가 노릇해지면 양념을 바르고, 약불에서 조리듯이 구워서 완성.

● 닭 가슴살 대신 닭 다리살을 사용해도 좋아요. 레몬즙은 식초로 대체 가능해요.

국물까지 싹싹~
소고기숙주볶음

아삭한 숙주를 불고기와 함께 볶았어요.
반찬으로 먹고 남은 국물에는 밥과 김을 넣고 볶아 먹어도 맛있어요.
국물까지 싹싹 비울 수 있는 알뜰살뜰한 반찬이랍니다.

🐰 재료

소고기 불고기감 350g, 숙주 1봉지(200g), 양파 1/2개, 대파 한 뼘, 소금 약간

고기 양념 진간장 4숟가락, 다진 마늘 1숟가락, 올리고당 3숟가락, 참기름 1숟가락, 요리술 2숟가락, 깨 약간, 후추 약간

🐰 만들기

1. 소고기는 고기 양념 재료를 모두 넣고 양념한다.
2. 숙주는 씻어서 물기를 빼고, 양파는 채 썰고, 대파는 어슷썰기한다.
3. 프라이팬에 식용유를 두르고, 소고기를 볶다가 양파와 대파를 넣고 같이 볶는다. 이때 간을 본 후 부족한 간은 소금으로 맞춘다.

    TIP 간 조절은 숙주를 넣기 전에 해야 해요. 숙주를 넣은 후 간을 맞추면 숙주가 오래 볶아져서 아삭함이 덜해요.

4. 고기가 거의 익으면 숙주를 넣고 빠르게 볶아서 완성.

색다른 조합으로 만드는
참치카레전

학교 다닐 때 요리 잘하는 선배 언니가 학생회실에 있던 재료로 해준 전이 맛있어서 아직도 해 먹고 있어요.
참치와 카레는 서로 어울리지 않을 것 같은 재료인데, 먹어보면 꽤 조화가 좋아요.

🐰 재료

참치 캔 1개(150g), 양파 1/2개, 밀가루 2컵, 물 120ml, 카레가루 1숟가락, 식용유

🐰 만들기

1. 참치는 기름을 빼고, 양파는 채 썬다.
2. 밀가루에 물과 카레가루를 넣고 잘 섞어서 반죽을 만든다.
3. 반죽에 참치와 양파를 넣고 잘 섞는다.
4. 프라이팬에 식용유를 두르고, ③을 동글납작하게 올려 앞뒤로 노릇하게 부쳐서 완성.

매워도 맛있는
닭가슴살고추장양념구이

돼지고기에 비하면 감칠맛은 덜하지만 쌈과 함께 먹으면 맛있어요.
돼지비계를 싫어하는 아이라면 부담 없이 꽉꽉 먹을 수 있는 메뉴예요.

(고기 재우는 시간 제외)

🐰 재료

닭 가슴살 3개(400g~450g), 식용유

양념 진간장 2숟가락, 다진 마늘 1숟가락, 설탕 1숟가락, 고춧가루 1숟가락, 고추장 2숟가락, 참기름 1숟가락, 요리술 1숟가락

🐰 만들기

1 닭 가슴살은 얇게 포 뜬 후 칼로 통통 쳐서 칼집을 낸다.
2 양념 재료는 잘 섞는다.
3 닭 가슴살을 양념에 재우고, 냉장고에 1시간가량 둔다.
4 프라이팬에 식용유를 두르고, 약불에서 닭 가슴살을 구워서 완성.
   TIP 불이 세면 양념만 타고 고기가 익지 않으니 유의하세요.

톡톡한 식감으로 새우가 먹고 싶다면
새우완자전

새우완자라고 하면 손이 많이 갈 것 같지만 새우는 조금만 다져도 끈기가 잘 생겨서
생각보다 다지는 데 시간이 많이 걸리지 않아요.
다진 새우에 채소를 섞어서 완자전으로 해주면,
탱글탱글하고 톡톡한 식감이 좋아서 그날의 인기 반찬이 됩니다.

🐰 재료

냉동 새우살 10마리, 요리술 1숟가락, 오이고추 1개, 당근 약간, 대파 약간, 후추 약간, 식용유

🐰 만들기

1 새우는 요리술을 뿌린 후 끈기가 생길 때까지 다진다.
   TIP 너무 곱게 다지지 않아도 돼요.
2 오이고추, 당근, 대파는 다진 후 새우와 섞어서 후추를 넣고 잘 치댄다.
   TIP 채소를 많이 넣어서 잘 뭉쳐지지 않는다면 전분을 조금 넣어주세요.
3 프라이팬에 식용유를 두르고, 새우 반죽을 동글납작하게 올려 앞뒤로 노릇하게 부쳐서 완성.

● 새우 자체가 짜서 소금 간을 하지 않아요. 자숙 새우살은 다져도 뭉쳐지지 않으니, 냉동 새우살을 사용하세요.

가성비 갑!
닭가슴살데리야키구이

아주 간단하지만 아이들이 두 번 찾는 가성비 좋은 반찬이에요.
레시피도 재료도 간단해서 두 번 해주기에도 전혀 부담이 없답니다.

🐰 재료

닭 가슴살 2개(300g), 다진 마늘 1숟가락, 파프리카 1/2개, 후추 약간, 식용유
양념 진간장 2숟가락, 설탕 1.5숟가락, 전분 0.5숟가락, 요리술 2숟가락

🐰 만들기

1 닭 가슴살은 먹기 좋은 크기로 자르고, 다진 마늘과 후추를 넣고 버무린다.
2 파프리카는 작게 자른다.
3 양념 재료는 잘 섞는다.
4 프라이팬에 식용유를 두르고, 닭 가슴살을 볶다가 파프리카를 넣고 같이 볶는다.
5 닭 가슴살이 노릇하게 익으면 불을 끄고 프라이팬의 온도를 낮춘다.
   TIP 프라이팬의 온도가 높으면 전분이 바로 익어 양념이 젤리처럼 뭉쳐요. 양념을 붓기 전에 꼭 프라이팬의 온도를 낮추세요.
6 양념을 붓고 섞은 후 불을 켜고 중불에서 1~2분간 더 볶아서 완성.

아침에도 스페셜한 메뉴를 해주고 싶다면
닭안심주물럭

양념을 밤에 미리 해놓고 아침에 볶아주세요.
바쁜 아침에도 새로운 반찬으로 식탁을 채울 수 있어요.
순하고 담백해서 아침에 먹기 부담 없는 고기반찬이랍니다.

🐰 재료

닭 안심 200g, 양파 1/2개, 다진 마늘 0.5숟가락, 설탕 1티스푼, 참기름 2티스푼, 소금 1 티스푼, 후추 약간, 식용유

🐰 만들기

1. 닭 안심은 힘줄을 제거하고, 얇고 길게 자른다.
2. 양파는 채 썬다.
3. 닭 안심에 양파, 다진 마늘, 설탕, 참기름, 소금, 후추를 넣고 잘 버무린다.
4. 프라이팬에 식용유를 두르고, ③을 볶아서 완성.

● 아침에 버무려서 저녁에 먹거나, 저녁에 버무려서 다음 날 아침에 먹으면 편해요.

"꺼내줄 반찬이 없다면 한 그릇 요리가 최고죠!
간단한 식재료만 있어도 맛있는 맛을 낼 수 있어요."

PART 4

반찬이 필요 없는
한 그릇 요리

- 한 그릇 볶음밥
- 손쉬운 김밥 주먹밥
- 영양 가득 덮밥

초록이도 맛있어!
부추새우볶음밥

평소에 초록 채소는 무조건 싫다고 안 먹던 우리 아이들의 꼬꼬마 시절,
부추를 거부감 없이 먹도록 해준 고마운 볶음밥이에요.
그 뒤로 부추가 들어간 음식은 싫어하지 않고 잘 먹는답니다.

🐰 재료

달걀 1개, 마요네즈 0.5숟가락, 냉동 새우살 10마리, 부추 5줄기, 다진 마늘 1티스푼, 밥 1공기, 굴 소스 0.5숟가락, 소금 약간, 후추 약간, 식용유

🐰 만들기

1. 달걀은 마요네즈를 넣고 풀어놓는다.
2. 새우는 대충 다지고, 부추는 쫑쫑 썬다.
3. 프라이팬에 식용유를 두르고, 새우, 다진 마늘, 후추를 넣고 볶는다.
4. 새우가 익으면 한쪽으로 밀어두고 달걀물을 붓는다.
5. 달걀을 젓가락으로 휘휘 저어가며 볶다가, 새우와 섞어서 같이 볶는다.
6. 밥을 추가하고 섞은 후 굴 소스를 넣고 볶는다.
7. 밥에 소스가 배면 불을 끄고, 부추를 넣고 빠르게 섞은 후 부족한 간은 소금으로 맞춰서 완성.

아이들의 입맛까지 사로잡은 영양 만점
버섯두부소보로덮밥

아이가 유아식을 할 때 두부를 그다지 좋아하지 않았는데,
이렇게 해주니까 매우 잘 먹었어요.
간단하지만 두부와 버섯의 조합이라서 영양 면에서 유익하고 고마운 메뉴예요.

재료

맛타리버섯 10개, 두부 1/2모, 진간장 2숟가락, 밥 2공기, 참기름 1숟가락, 깨 약간, 식용유

만들기

1. 맛타리버섯은 다지고, 두부는 으깬 후 잘 섞는다.
   TIP 냉장고에 쪽파가 있으면 함께 넣고 볶아요.
2. 프라이팬에 식용유를 두르고, ①을 볶는다.
3. 버섯이 익으면 간장을 넣고 수분이 거의 없어질 때까지 더 볶는다.
4. 그릇에 밥을 담고 버섯두부소보로를 얹어서 참기름을 두르고, 깨를 뿌려서 완성.

비 오는 날에 생각나는
달걀칼국수

자연 재료로 육수를 내서 국물이 구수한 칼국수예요.
어른들은 물론, 어린 아이 유아식으로도 좋답니다.

🐰 재료

시판 칼국수 면 1인분, 달걀 1개, 대파 반 뼘, 소금 약간

육수 국물용 멸치 5마리, 물 500ml, 표고버섯 1개, 절단 다시마 1조각

🐰 만들기

1. 냄비에 멸치를 넣고 1~2분간 볶다가 물을 붓고, 편 썬 표고버섯, 다시마를 넣고 끓인다.
2. 육수가 끓으면 멸치와 다시마는 건져낸다.
3. 육수에 칼국수 면을 넣고 한소끔 끓인다.
4. 면이 익으면 달걀을 풀어서 넣은 후 대파를 잘라 넣고, 소금으로 간해서 완성.

● 칼국수 면을 넣지 않으면 달걀국이 돼요. 면 대신 물만두를 넣어도 맛있어요.

철분이 풍부해서 성장기 아이들에게 좋은
소고기주먹밥

소고기와 김은 모두 철분이 풍부해서 성장기 아이들한테 좋은 식재료예요.
소고기주먹밥을 도시락 통에 담아 아이들과 함께 피크닉을 다녀와보세요.
놀다가 와서 주먹밥을 하나씩 받아먹는 아이들의 모습이 아기 새 같아서
엄마 미소를 짓게 돼요.

재료

소고기 다짐육 100g, 밥 1½공기, 참기름 1숟가락, 김가루 3숟가락, 깨 1숟가락, 식용유

밑간 요리술 0.5숟가락, 소금 0.5티스푼, 후추

🐰 만들기

1. 소고기는 키친타월로 핏물을 제거하고, 밑간한다.
2. 프라이팬에 식용유를 두르고, 소고기를 볶는다.
3. 밥에 볶은 고기와 참기름을 넣고 잘 섞어서 주먹밥 모양으로 뭉친다.
4. 볼에 김가루와 깨를 넣고 섞은 후 주먹밥을 굴리면서 김가루 옷을 입혀 완성.

● 소고기 다짐육은 기름기가 없고 담백한 이유식용으로 사용하세요.

은은하게 고소한 맛을 품은
두부주먹밥

자극적으로 고소한 맛보다는 은은하게 고소하고 부담 없는 맛이라서,
아이들에게 해주기 좋은 메뉴예요.
방법도 간단하니 이보다 더 좋을 순 없어요.

재료

두부 1/2모, 밥 1공기, 진간장 0.5숟가락, 들기름 0.5숟가락, 깨 약간, 김가루 적당량, 식용유

🐰 만들기

1 두부는 한 입 크기로 작게 자른 후 프라이팬에 식용유를 두르고, 앞뒤로 노릇하게 부친다.
   TIP 두부를 작게 잘라 볶을수록 고소해요.
2 넓은 볼에 밥, 부친 두부, 간장, 들기름, 깨를 넣고 두부를 으깨면서 비빈다.
3 김가루를 취향껏 추가하고 섞은 후 밥을 주먹밥 모양으로 동그랗게 뭉쳐서 완성.

응용하기 좋은
대패삼겹마파두부

마파두부 만드는 법을 알게 되면 다른 재료를 넣어서 얼마든지 응용이 가능해요.
처음엔 돼지고기 다짐육으로만 요리했는데
대패 삼겹을 넣어서 해도 맛있고, 게맛살을 넣어서 해도 맛있어요.
만능 변신 요리랍니다.

🐰 재료

두부 1모, 양파 1/2개, 오이고추 1개, 대파 한 뼘, 대패삼겹살 10조각, 다진 마늘 1숟가락, 물250ml, 코인 육수 1개, 후추 약간

양념 고춧가루 1숟가락, 두반장 1숟가락, 굴 소스 0.5숟가락, 올리고당 2숟가락

전분물 전분 2티스푼, 물 2숟가락

🐰 만들기

1. 두부는 작게 자르고, 양파는 채 썰고, 오이고추와 대파는 어슷썰기한다.
2. 프라이팬에 삼겹살을 볶다가 채 썬 양파, 다진 마늘, 후추를 넣고 같이 볶는다.
3. 삼겹살이 어느 정도 익으면 물을 붓고, 코인 육수와 양념 재료를 모두 넣고 한소끔 끓인다.
4. 두부와 오이고추를 추가하고, 2분간 더 끓이다가 전분물을 넣고 재빨리 섞는다.
   TIP 전분을 넣고 재빨리 섞지 않으면 전분이 뭉치니까 유의하세요.
5. 골고루 익을 때까지 끓이다가 대파를 넣고 1분간 더 끓여서 완성.

간단하게 한 끼를 해결하고 싶다면
소고기볶음밥

학원에 가기 전, 점심으로 간단하게 한 끼를 해결할 수 있는 메뉴예요.
보온 도시락 통에 담아서 도시락으로 싸주기도 좋답니다.

🐰 재료

소고기 다짐육 100g, 양파 1/4개, 밥 1공기, 김가루 2숟가락, 참기름 0.5숟가락, 깨 약간, 식용유

고기 양념 다진 파 1숟가락, 진간장 2숟가락, 다진 마늘 0.5숟가락, 올리고당 1숟가락, 요리술 1숟가락

🐰 만들기

1. 소고기는 키친타월로 핏물을 제거한다.
2. 양파는 다진다.
3. 소고기에 다진 양파와 고기 양념 재료를 모두 넣고 섞은 후 냉장고에 10분가량 둔다.
4. 프라이팬에 식용유를 두르고, 소고기를 볶는다.
5. 고기가 익으면 밥을 넣고 같이 볶다가 김가루를 넣어 섞고, 불을 끄고 참기름과 깨를 뿌려서 완성.

● 고기 양념을 프라이팬에서 하면 설거지를 줄일 수 있어요.

이보다 더 맛있는 꿀 조합은 없다!
베이컨김치김밥

베이컨과 김치, 달걀은 맛없을 수가 없는 조합이죠.
김치를 씻어서 매운맛을 없앴더니
김치를 안 먹었던 꼬꼬마 시절에도 잘 먹었던 김밥이에요.

🐰 재료

달걀 2개, 베이컨 3줄, 익은 배추김치 3줄기, 밥 2공기, 김밥 김 3장, 소금 약간
배추김치 양념 설탕 약간, 참기름 1숟가락, 깨 약간
밥 양념 참기름 1숟가락, 깨 0.5숟가락, 소금 약간

🐰 만들기

1. 달걀은 소금으로 간하고 풀어서 지단을 부친 후 6등분한다.
   TIP 달걀에 채소를 섞어도 좋아요.
2. 베이컨은 노릇하게 굽는다.
3. 배추김치는 씻어서 자른 후 물기를 짜고, 배추김치 양념 재료로 양념한 후 프라이팬에 잘 볶는다.
4. 밥은 밥 양념 재료를 넣고 비빈다.
5. 김에 밥을 얇게 펼치고 지단, 베이컨, 배추김치를 얹어서 만 후 먹기 좋은 크기로 잘라서 완성.
   TIP 지단은 2개씩 넣고 말아요.

간단하지만 한 접시가 순식간에 사라지는
어묵부추김밥

휴일에 간단히 한 끼를 해결하고 싶을 때 좋은 메뉴예요.
어묵부추김밥을 말아서 잘라놓으면 아이들이 오며 가며 집어 먹어요.
어느 순간 접시가 비워져 있을 거예요.

🐰 재료

부추 1줌, 사각 어묵 2장, 진간장 2숟가락, 올리고당 1숟가락, 밥 1½공기, 참기름 0.5숟가락, 깨 0.5숟가락, 김밥 김 3장, 식용유

🐰 만들기

1. 부추와 어묵은 잘게 다진다.
2. 프라이팬에 식용유를 두르고, 어묵을 볶다가 간장, 올리고당을 넣고 익을 때까지 볶는다.
3. 부추를 추가하고 1분간 더 볶는다.
4. 밥에 ③과 참기름, 깨를 넣고 잘 비빈다.
5. 김에 밥을 얇게 펴서 만 후 먹기 좋은 크기로 잘라서 완성.

달걀프라이와 함께 비벼 먹는
순두부팽이버섯카레

카레 재료를 손질하기 귀찮을 때 하기 좋은 간단한 카레예요.
고기 대신 달걀에 비벼 먹는 카레랍니다.
부드러워서 달걀프라이와도 정말 잘 어울려요.

🐰 재료

팽이버섯 1봉지, 양파 1/2개, 카레가루 5숟가락, 물 400㎖, 순두부 1봉지(350g), 달걀 3개, 밥 3공기, 식용유

🐰 만들기

1. 팽이버섯과 양파는 작게 자른 후 프라이팬에 식용유를 두르고 볶는다.
2. 팽이버섯과 양파에서 물이 나오기 시작하면 카레가루 2숟가락을 넣고 볶는다.
3. 가루가 보이지 않으면 물을 붓고, 남은 카레가루와 순두부를 넣고 한소끔 끓인다.
4. 순두부를 숟가락으로 부수고 섞은 후 1~2분간 더 끓인다.
5. 달걀프라이를 만든다.
6. 그릇에 밥을 담고 카레와 달걀프라이를 얹어서 완성.

● 카레를 끓일 때 옆에서 달걀프라이를 미리 해두면 더 빨리 먹을 수 있어요.

장을 못 봤어요!
양파달걀볶음밥

장을 못 봐도 달걀과 양파는 늘 집에 있는 식재료예요.
이 재료만으로도 아주 맛있는 볶음밥을 만들 수 있어요.
굴 소스로 포인트를 줘서 간단한 재료에 비해 풍부한 맛이 난답니다.

🐰 재료

양파 1/2개, 굴 소스 1.5숟가락, 참기름 0.5숟가락, 올리고당 1숟가락, 달걀 2개, 밥 2공기, 소금 약간, 깨 약간, 식용유

🐰 만들기

1. 양파는 다진 후 프라이팬에 식용유를 두르고 볶는다.
2. 양파가 투명해지면 굴 소스, 참기름, 올리고당을 넣고 볶는다.
3. 양파를 프라이팬의 한쪽으로 모으고, 빈자리에 달걀을 부친다.
4. 밥을 추가하고 달걀을 부수면서 볶다가 간을 본 후 부족한 간은 소금으로 맞추고 깨를 뿌려서 완성.

"가지와 나물을 먹지 않는 아이들에게
미션 밑반찬을 해주세요. 편식이 줄어들 거예요."

PART 5

아이들도 좋아하는
밑반찬

- 미션 초록 나물
- 기본 밑반찬
- 영양 가득 조림 반찬

달큰한 호박의 맛을 느끼고 싶다면
새우살애호박볶음

호박은 익으면 단맛이 돌아서, 볶는 것보다는 찌개에 잘 어울리지만
쫄깃하고 짭조름한 새우와 볶으면 단맛과 짠맛의 조화가 환상이에요.
자극적이지 않아서 어린아이들 반찬으로도 참 좋답니다.

🐰 재료

애호박 1개, 양파 1/4개, 대파 한 뼘, 냉동 새우살 10마리, 다진 마늘 0.5숟가락, 요리술 1숟가락, 들기름 1숟가락, 소금 약간, 후추 약간, 식용유

🐰 만들기

1 애호박은 반달 모양으로 얇게 자르고, 양파는 채 썰고, 대파는 어슷썰기한다.
2 새우는 먹기 좋은 크기로 자른다.
3 프라이팬에 식용유를 두르고, 새우, 다진 마늘, 요리술을 넣고 볶는다.
4 새우가 익으면 애호박과 양파를 넣고 같이 볶는다.
5 호박이 거의 익으면 대파를 넣고, 소금과 후추로 간한 후 들기름을 두르고 조금 더 볶아서 완성.
   TIP 새우가 간간하기 때문에 소금을 조금씩 넣어서 간을 맞춰요.

아이도 좋아하는 가지 반찬이 있어요!
가지소고기볶음

가지는 몸에 좋은 건강한 식재료이지만 호불호가 많이 갈려요.
아이들이 가지를 좋아하길 바라는 마음으로 자주 반찬으로 만들어줬는데요.
그중 하나가 가지소고기볶음이에요.
가지와 소고기가 어우러져 고소하고 부드러운 맛을 낸답니다.

🐰 재료

가지 1개, 소고기 다짐육 50g, 다진 마늘 0.5숟가락, 진간장 1.5숟가락, 올리고당 1숟가락, 참기름 적당량, 쪽파 약간, 깨 약간, 후추 약간, 식용유

🐰 만들기

1. 가지는 반달 모양으로 얇게 썬다.
2. 프라이팬에 식용유를 두르고, 소고기, 다진 마늘, 후추를 넣고 볶는다.
3. 소고기가 반 정도 익으면 가지, 간장, 올리고당을 넣고 같이 볶는다.
4. 가지가 익으면 참기름을 두른 후 쪽파를 잘라 넣고 깨를 뿌려서 완성.

   TIP 가지는 볶을 때 수분이 별로 나오지 않기 때문에 젓가락으로 계속 섞으면서 볶아요.

잡채를 먹고 싶은데 시간이 없다면
어묵당면볶음

어묵볶음과 당면은 꽤 잘 어울리는 조합이에요.
호로록 먹는 당면과 쫄깃한 어묵의 식감 덕분에 먹는 재미가 있답니다.

🐰 재료

당면 50줄, 사각 어묵 2장, 오이고추 1개, 양파 1/4개, 진간장 2.5숟가락, 올리고당 1숟가락, 참기름 1숟가락, 깨 적당량, 식용유

🐰 만들기

1 끓는 물에 당면을 넣고 6분간 삶은 후 찬물에 헹구고 물기를 뺀다.
2 어묵, 오이고추, 양파는 채 썬다.
3 프라이팬에 식용유를 두르고, 중불에서 어묵과 양파를 1~2분간 볶다가, 간장과 올리고당을 넣고 볶는다.
4 당면과 오이고추를 추가하고 1~2분간 더 볶는다.
5 당면에 간이 배면 참기름과 깨를 넣은 후 조금 더 볶아서 완성.

지방 없이 가볍게
잡채용돼지고기볶음

잡채용 돼지고기는 고기반찬을 좋아하는 아이들 입맛에도 맞고,
지방이 없어서 가볍게 해줄 수 있는 반찬이에요.
얇게 채를 쳐서 요리하기 때문에 지방이 없는 부분이라도 퍽퍽하지 않답니다.

🐰 재료

파프리카 1/2개, 양파 적당량, 풋고추 1개, 대파 한 뼘, 다진 마늘 1숟가락, 잡채용 돼지고기 250g, 소금 0.5티스푼, 후추 약간, 식용유

양념 진간장 3숟가락, 올리고당 3숟가락, 참기름 1숟가락, 요리술 1숟가락

🐰 만들기

1. 파프리카, 양파, 풋고추, 대파는 채 썬다.
2. 프라이팬에 식용유를 두르고, 다진 마늘을 볶다가 마늘 향이 올라오면 돼지고기를 넣고 볶은 후 소금, 후추로 간한다.
3. 고기에서 맛있는 냄새가 나면 파프리카, 양파, 풋고추, 양념 재료를 넣고 더 볶는다.
4. 채소가 익으면 대파를 넣고 조금 더 볶아서 완성.

후다닥 부치는
팽이버섯새우전

집에서 튀김을 하는 건 번거로운 일이죠.
하지만 새우튀김은 아이들이 참 좋아하는 메뉴예요.
새우를 튀기는 게 부담스럽다면 새우전을 해보세요.
튀김의 바삭한 식감은 포기해야 하지만 달걀을 입혀서 부드럽고 쫄깃해요.
새우 사이사이에 팽이버섯을 넣어서, 버섯을 싫어하는 아이들도 먹일 수 있어요.

재료

팽이버섯 1/2봉지, 노바시 새우 30마리, 마요네즈 적당량, 달걀 3개, 부침가루 3숟가락, 소금 약간, 식용유

🐰 만들기

1. 팽이버섯은 2~3줄기씩 묶어서 뜯어놓는다.
2. 새우는 씻은 후 키친타월로 물기를 제거한다.
3. 쟁반에 새우를 나란히 올리고 마요네즈를 얇게 발라 밑간한다.
   TIP 마요네즈 대신 소금, 후추로 간해도 돼요.
4. 달걀은 소금으로 간하고 풀어놓는다.
5. 팽이버섯과 새우에 부침가루 → 달걀물 순으로 옷을 입힌다.
6. 프라이팬에 식용유를 두르고, 달걀을 입힌 새우를 3~5마리씩 틈 없이 나란히 올리고, 팽이버섯은 새우 사이사이에 놓는다.
7. 밑면이 완벽히 익으면 뒤집고, 전을 앞뒤로 노릇하게 익혀서 완성.

채소를 듬뿍 넣은
카레두부동그랑땡

고기는 넣지 않고, 채소를 많이 넣었어요.
채소는 집에 있는 남은 채소를 다져서 넣어도 되기 때문에
냉장고를 정리하는 반찬으로 좋아요.

🐰 재료

두부 1/2모, 달걀 1개, 냉동 혼합 채소 3숟가락, 빵가루 3숟가락, 카레가루 2숟가락, 식용유

🐰 만들기

1. 두부는 키친타월로 물기를 빼고, 손으로 으깬다.
2. 으깬 두부에 달걀, 냉동 혼합 채소, 빵가루, 카레가루를 넣고 섞어서 반죽을 만든다.
3. 반죽을 동그랑땡 모양으로 빚는다.
4. 프라이팬에 식용유를 두르고, 중약불에서 동그랑땡을 앞뒤로 노릇하게 부쳐서 완성.

맛보면 자꾸 생각나는 단짠단짠
닭가슴살고구마조림

닭가슴살조림에 고구마를 넣어서 단짠단짠 조합이 입맛을 사로잡아요.
고구마와 함께 자투리 채소를 넣어 요리해도 되고,
간을 조금 싱겁게 하면 유아식 반찬으로도 좋답니다.

재료

닭 가슴살 2개(300g), 양파 1/2개, 당근 적당량, 고구마(닭 가슴살과 같은 분량), 물 적당량, 요리술 1숟가락, 대파 한 뼘, 들기름(참기름) 1숟가락, 깨 약간, 후추 약간

양념 진간장 7숟가락, 다진 마늘 1숟가락, 올리고당 6숟가락

만들기

1. 닭 가슴살, 양파, 당근은 한 입 크기로 자른다.
2. 고구마는 껍질을 벗겨 한 입 크기로 자른 후 물에 담가놓는다.
3. 냄비에 닭 가슴살을 넣고 재료가 잠길 만큼 물을 부은 후 요리술을 넣고, 한소끔 끓이면서 올라오는 거품을 모두 건져낸다.
4. 고구마, 양파, 당근을 추가하고 2분간 더 끓이다가 양념 재료를 모두 넣는다.
5. 고구마와 당근이 익을 때까지 조리다가 파를 잘라 넣고 1-2분간 더 조린 후 들기름, 깨, 후추를 뿌려서 완성.

- 고구마 대신 단호박으로 요리해도 맛있어요.

맛 보장 반찬
닭가슴살장조림

닭가슴살장조림은 소고기장조림보다 깊은 맛은 덜하지만
빠르게 할 수 있고, 맛도 보장되는 반찬이에요.
아이들 반찬이 마땅히 없을 때 닭가슴살장조림을 후딱 해서 식탁에 올려보세요.
내일 또 해달라고 할 거예요.

🐰 재료

닭 가슴살 2개(300g), 물 적당량, 요리술 1숟가락, 통마늘 5개, 진간장 6~7숟가락, 올리고당 4.5숟가락, 오이고추 1개, 후추 약간

🐰 만들기

1. 냄비에 닭 가슴살을 넣고 재료가 잠길 만큼 물을 부은 후 요리술, 반으로 자른 마늘을 넣고 끓이면서 올라오는 거품을 모두 건져낸다.
2. 육수가 끓으면 닭 가슴살과 마늘을 건져내고, 육수는 체에 거른다.
   TIP 체에 걸러야지 맑은 육수를 얻을 수 있어요.
3. 닭 가슴살은 먹기 좋게 찢어놓는다.
4. 체에 거른 육수에 닭 가슴살, 마늘, 간장, 올리고당, 후추를 넣고 끓인다.
   TIP 간장은 4숟가락 정도 넣은 후 간을 보면서 추가하세요.
5. 한소끔 끓으면 오이고추를 잘라 넣고, 국물이 자작할 때까지 조려서 완성.

● 오이고추 대신 꽈리고추를 넣어서 요리해도 맛있어요.

밥 한 그릇 뚝딱하는
황태채무침

고소하고 짭조름해서 따끈한 밥에 잘 어울리는 반찬이에요.
황태채를 작게 잘라 무쳐서 따끈한 밥에 쓱쓱 비비면
어느새 밥 그릇이 비어 있을 거예요.

🐰 재료

황태채 1그릇, 참기름 0.5숟가락, 식용유 0.5숟가락

양념 진간장 0.5숟가락, 마요네즈 0.5숟가락, 올리고당 0.5숟가락, 깨 약간

🐰 만들기

1. 황태채를 젖은 키친타월로 닦은 후 잘게 찢으면서 가시를 모두 발라낸다.
2. 프라이팬에 참기름과 식용유를 두르고, 약불에서 황태채를 노릇하게 볶는다.
3. 볼에 양념 재료를 잘 섞는다.
4. 양념 볼에 볶은 황태채를 넣고 무쳐서 완성.

온 가족이 먹을 수 있는 냉장고 스테디 반찬
진미채꽈리고추조림

간단한 재료로 쉽게 만들 수 있는 밑반찬이에요.
꽈리고추가 들어갔지만 맵지 않아서 가족 모두 맛있게 먹을 수 있는 반찬이랍니다.

🐰 재료

진미채 1그릇, 물 적당량, 진간장 3숟가락, 올리고당 2숟가락, 꽈리고추 5개

🐰 만들기

1 끓는 물에 진미채를 1분간 데친 후 체에 밭쳐 물기를 뺀다.
2 냄비에 진미채를 넣고, 재료가 자작하게 잠길 만큼 물을 붓고 한소끔 끓인다.
3 간장과 올리고당을 추가하고, 재료에 양념이 배면 반으로 자른 꽈리고추를 넣는다.
4 숨이 죽을 때까지 조려서 완성.

고소하고 고소한
버섯시금치들깨무침

한동안 시금치무침은 꼭 다 먹어야 하는 미션 반찬이었어요.
처음엔 아이들이 안 먹으려고 쭈뼛쭈뼛했는데, 지금은 좋아하진 않아도
거부감 없이 당연히 다 먹는 반찬이 되었어요.

🐰 재료

맛타리버섯 1팩(200g), 시금치 1단, 물, 대파 한 뼘, 소금 약간

양념 국간장 1숟가락, 다진 마늘 0.5숟가락, 들깻가루 2숟가락, 생 들기름 1.5숟가락, 깨 약간, 소금 약간

🐰 만들기

1. 끓는 물에 맛타리버섯을 1분간 데치고, 찬물에 헹군 후 물기를 짠다.
2. 끓는 물에 소금을 넣고 시금치를 1분간 데치고, 찬물에 헹군 후 물기를 짠다.
3. 맛타리버섯은 먹기 좋은 크기로 찢고, 시금치는 먹기 좋은 크기로 자르고, 대파는 송송 썬다.
4. 큰 볼에 맛타리버섯, 시금치, 대파, 양념 재료를 모두 넣고 무친다.
5. 간을 본 후 부족한 간은 소금으로 맞춰서 완성.

● 나물을 무칠 때는 생 들기름을 넣으면 더 고소하고 맛있어요. 마트에서 파는 들기름은 고온에 볶아서 짠 기름인데요, 생 들기름은 저온 압착 기름이에요. 생 들기름은 좀 더 깔끔하고, 생 들깨 향이 은은하게 나서 나물에 더 잘 어울려요. 하지만 구하기 어렵다면 일반 들기름으로 나물을 무쳐도 상관없어요.

예상 외로 인기 폭발
꽈리고추돼지고기완자장조림

장조림은 대표적인 아이들 영양 반찬인데요,
간혹 고기가 질기면 뱉어버리고 안 먹을 때가 있어요.
그래서 완자를 만들어서 장조림을 해주었는데, 아이들의 입맛을 사로잡았답니다.
장조림을 안 먹는 아이가 있다면 완자장조림을 해보세요.

🐰 재료

돼지고기 다짐육 200g, 물 150ml, 요리술 1숟가락, 꽈리고추 10개

밑간 다진 마늘 0.5숟가락, 요리 술 0.5숟가락, 소금 0.5티스푼, 후추 약간

양념 진간장 2숟가락, 올리고당 1숟가락

🐰 만들기

1. 돼지고기는 밑간 재료를 넣고 끈기가 생길 때까지 치댄다.
2. 돼지고기를 동글동글한 완자 모양으로 빚는다.
3. 냄비에 물과 양념 재료를 모두 넣고 끓인다.
4. 물이 팔팔 끓어오르면, 불을 줄이고 완자와 요리술을 넣고 끓인다.
5. 물이 반으로 줄면 반으로 자른 꽈리고추를 넣고 양념이 자박자박해질 때까지 조려서 완성.
   TIP 꽈리고추를 넣고 간을 본 후 싱거우면 간장으로 간을 맞춰요.

아삭아삭 가벼운
숙주나물무침

숙주나물은 콩나물보다 머리가 작아서 훨씬 가벼운 느낌이 드는 식재료예요.
먹을 때 콩이 씹히지 않아서 아이들도 좋아해요.
식탁에 내놓으면 조용히 제 역할을 톡톡히 해내는 반찬이랍니다.

🐰 재료

숙주 1봉지(200g), 대파 한 뼘

양념 국간장 1숟가락, 다진 마늘 1티스푼, 생 들기름 1숟가락, 깨 적당량

🐰 만들기

1 끓는 물에 숙주를 2~3분간 데치고, 찬물에 헹군 후 체에 받쳐 물기를 뺀다.
2 대파는 송송 썬다.
3 볼에 대파와 양념 재료를 잘 섞는다.
4 양념 볼에 숙주를 넣고 무쳐서 완성.

● 나물은 생 들기름을 넣고 무치는 게 훨씬 고소해요.

아이들 밑반찬의 영원한 스테디
감자멸치조림

감자와 멸치는 아이들이 좋아하는 반찬인데요, 두 가지를 섞어서 조리면 포슬포슬한 감자와 고소한 멸치가 어우러져서 아주 맛있는 반찬이 돼요. 멸치가 씹혀서 식감이 재밌어진답니다.

🐰 재료

감자 1개, 대파 약간, 세멸치 1숟가락, 다진 마늘 1티스푼, 요리술 1티스푼, 물 50ml, 진간장 1숟가락, 올리고당 1숟가락, 깨 약간, 식용유

🐰 만들기

1. 감자는 작게 깍둑썰고, 대파는 다진다.
2. 프라이팬에 식용유를 두르고, 감자와 멸치를 볶다가 다진 마늘, 요리술을 넣고 볶는다.
3. 멸치가 익어서 고소한 냄새가 올라오면 물을 붓고, 간장, 올리고당, 깨를 넣고 조린다.
4. 대파를 추가하고 윤기가 돌 때까지 조려서 완성.

● **간단감자버터조림도 만들어보세요!**

재료 감자 1개, 버터 20g, 소금 약간

1. 깍둑썰기한 감자를 소금으로 간하고 푹 삶는다.
2. 프라이팬에 버터를 녹이고, 약불에서 감자와 버무려주면 완성.

김치찌개 맛이 나는 전
참치김치동그랑땡

쉬운 재료로 간단하게 만들 수 있는 반찬이에요.
부침가루보다 재료가 많이 들어가서, 김치전보다 훨씬 풍부한 맛이 난답니다.

🐰 재료

두부 1/2모, 참치 캔 1개(100g), 김치 적당량(참치와 비슷한 분량), 달걀 1개, 다진 파 약간, 부침가루 2숟가락, 후추 약간, 식용유

🐰 만들기

1. 두부는 손으로 물기를 꼭 짜고, 참치는 기름을 빼고, 김치는 다진다.
2. 볼에 식용유를 뺀 나머지 재료를 모두 넣고 섞어서 반죽을 만든다.
3. 프라이팬에 식용유를 두르고, 반죽을 동글납작하게 올려 앞뒤로 노릇하게 부쳐서 완성.
   TIP 가운데를 눌러봤을 때 단단한 느낌이 들 때까지 부치세요. 물컹하면 아직 안 익은 거예요.

● **매운 걸 잘 못 먹는 아이들을 위한 참치김치동그랑땡도 만들어보세요!**

재료 김치 줄기 부분 1줄기, 두부 1/2모, 참치 캔 1개(100g), 옥수수 통조림 2숟가락, 부침가루 2숟가락, 소금 약간, 식용유

1. 김치는 줄기 부분만 씻어서 다지고, 두부는 물기를 꼭 짜고, 참치는 기름을 뺀다.
2. 볼에 식용유를 뺀 나머지 재료를 모두 넣고 섞어서 반죽을 만든다.
3. 프라이팬에 식용유를 두르고, 반죽을 동글납작하게 올려 앞뒤로 노릇하게 부쳐서 완성.

반찬으로 딱 좋은
후리가케두부부침

밥에 비벼 먹는 용으로 나오는 후리가케는 달걀과 함께 조리하면 꽤 잘 어울려서 부침 요리에 넣으면 환상의 궁합이에요.
두부부침뿐만 아니라, 동태전이나 호박전을 할 때 넣어도 좋답니다.

🐰 재료

두부 1모, 달걀 2개, 후리가케 1봉지(9g), 부침가루 2숟가락, 식용유

🐰 만들기

1. 두부는 키친타월로 물기를 빼고, 먹기 좋은 크기로 납작하게 썬다.
2. 달걀은 후리가케를 넣고 풀어놓는다.
3. 두부에 부침가루 → 달걀물 순으로 옷을 입힌다.
4. 프라이팬에 식용유를 두르고, ③을 노릇노릇하게 부쳐서 완성.

● **간단두부랑땡을 만들어보세요!**

재료 두부 1/2모, 달걀 2개, 후리가케 1봉지(9g)

1. 두부는 손으로 물기를 꼭 짜서 으깬 후 달걀과 후리가케를 넣고 잘 섞는다.
2. 프라이팬에 식용유를 두르고, 두부 반죽을 동글납작하게 올려 앞뒤로 노릇하게 부쳐서 완성.

TIP 두부 대신 밥을 넣어 밥전으로 만들어도 맛있어요.

보들보들한 식감이 매력적인
팽이버섯두부조림

팽이버섯은 국이나 달걀말이에 주로 사용하고, 반찬으로는 잘 안 쓰게 되는 식재료인데요.
두부와 함께 조려보세요.
양념이 잘 배서 아이들도 좋아하는 맛있는 반찬이 된답니다.

🐰 재료

두부 1모, 팽이버섯 1봉지, 식용유

양념 진간장 5숟가락, 다진 마늘 0.5숟가락, 올리고당 3숟가락, 물 100ml, 깨 약간

🐰 만들기

1. 두부를 납작하게 자른 후 프라이팬에 식용유를 두르고, 중불에서 부친다.
2. 양념 재료는 잘 섞는다.
3. 팽이버섯은 밑동을 제거한 뒤 반으로 자르고, 뭉쳐 있는 끝부분을 풀어놓는다.
4. 두부가 앞뒤로 노릇하게 익으면 양념을 붓는다.
5. 두부 위에 팽이버섯을 올리고, 숟가락으로 양념을 끼얹으면서 1~2분간 조려서 완성.

● 팽이버섯 대신 애호박을 채 쳐서 올려도 맛있어요.

버섯을 싫어하는 아이들도 잘 먹는 볶은
팽이버섯달걀말이

팽이버섯은 구우면 훨씬 맛있어지는데요.
이 점을 이용해 팽이버섯을 바짝 볶아서 만든 달걀말이에요.
아이들이 버섯이 들어갔는지 눈치채지 못해요.

재료

달걀 2개, 팽이버섯 1/2봉지, 소금 약간, 식용유

만들기

1. 달걀은 소금으로 간해서 풀어놓고, 팽이버섯은 밑동을 제거하고 작게 자른다.
2. 프라이팬에 식용유를 두르고, 팽이버섯을 노릇하게 볶는다.
3. 프라이팬에 팽이버섯을 넓게 펴고, 그 위에 달걀물 반을 붓는다.
4. 밑면이 다 익으면 말아주고, 나머지 달걀물을 다 붓고 돌돌 말아준다.
5. 한 김 식힌 후 먹기 좋은 크기로 잘라서 완성.

평범한 재료가 만나 새로운 맛으로 탄생!
김가루두부부침

두부에 김가루 옷을 입혀 부친 반찬이에요.
평범한 재료인 두부와 김가루가 만나서, 특별한 두부부침이 되었답니다.

🐰 재료

두부 1모, 달걀 2개, 김가루 2숟가락, 부침가루 2숟가락, 소금 약간, 식용유

🐰 만들기

1 두부는 먹기 좋은 크기로 납작하게 자른다.
2 달걀에 김가루를 넣고, 소금으로 간하고 풀어놓는다.
3 두부에 부침가루 → 달걀물 순으로 옷을 입힌다.
4 팬에 식용유를 두르고, 두부를 앞뒤로 노릇하게 부쳐서 완성.

토마토를 넣어서 풍미가 좋은
소시지파프리카볶음

케첩 소스에 토마토를 넣으면 케첩으로만 요리한 것보다
양념의 풍미가 풍성해져서 맛있어요.
아이들이 소스에 밥을 비벼 먹고 싶다고 할 정도입니다.

🐰 재료

토마토 1/2개, 노란 파프리카 1/2개, 비엔나소시지 20개, 다진 마늘 0.5숟가락, 월계수 잎 1장, 식용유
양념 진간장 0.5숟가락, 케첩 2숟가락, 올리고당 1숟가락

🐰 만들기

1. 토마토와 파프리카는 먹기 좋은 크기로 자르고, 소시지는 칼집을 내서 뜨거운 물에 담가놓는다.
2. 양념 재료는 잘 섞는다.
3. 프라이팬에 식용유를 두르고, 약불에서 다진 마늘을 볶는다.
4. 마늘 향이 올라오면 중불로 올리고, 소시지를 넣고 같이 볶는다.
5. 소시지가 익으면 토마토와 파프리카를 넣고 더 볶는다.
6. 양념과 월계수 잎을 추가하고, 토마토를 부숴가며 볶다가 토마토가 풀어져서 양념이 걸쭉해지면 완성.

"학원 가기 전에 오후를 책임지는 엄마표 간식을 만들어주세요.
알록달록하고 귀여운 간식이 아이들 눈길까지 사로잡아요."

PART 6

방학 때도 걱정 없는
엄마표 맛있는 간식

- 엄마표 베이커리
- 알록달록 오후 간식
- 피자 핫도그 치킨

아이가 학원 가기 전에 먹이기 좋은 메뉴
토마토치즈떡파게티

아이가 학원 가기 전에 간단히 먹일 수 있는 메뉴를 고민한 적이 있을 거예요.
그럴 때 딱 좋은 토마토치즈떡볶이를 소개합니다.
치즈 떡과 토마토 소스의 만남은 맛있을 수밖에 없죠.
토마토 소스는 시판 토마토 소스를 사용해도 되어서 부담 없는 요리예요.

🐰 재료

파프리카 1/4개, 양파 1/4개, 치즈 떡 30개, 토마토 소스 3숟가락

  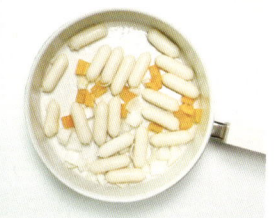

🐰 만들기

1 파프리카와 양파는 작게 자른다.
2 끓는 물에 치즈 떡을 삶는다.
3 프라이팬에 식용유를 두르고, 삶은 떡, 파프리카, 양파를 넣고 볶는다.
4 떡 표면이 꾸덕해지면 토마토 소스를 넣고 볶아서 완성.

네 가지 맛
꼭꼭숨어토스트

무슨 맛이 걸릴까? 골라 먹는 재미가 있는 토스트예요.
재미도 있고, 맛도 있는 간식이랍니다.
재료 조합에 따라서 다양한 맛을 숨길 수 있어요.

🐰 재료

식빵 2장, 슬라이스 햄 1장, 슬라이스 치즈 1장, 딸기잼 약간, 달걀 2개

🐰 만들기

1. 식빵, 햄, 치즈는 정사각형으로 4등분한다.
2. 식빵은 한쪽 끝을 남기고 반으로 포 뜬다.
3. 식빵 단면 위에 햄, 치즈, 햄+치즈, 딸기잼을 따로따로 올리고 다른 쪽 식빵으로 덮어서 총 네 가지를 만든다.
4. 달걀은 소금으로 간하고 풀어놓는다.
5. 빵에 달걀옷을 입힌 후 프라이팬에 식용유를 두르고, 앞뒤로 노릇하게 구워서 완성.

● 식빵 속 재료를 누텔라, 크림치즈, 바나나 등으로 해도 맛있어요. 좋아하는 재료를 넣어서 만들어보세요.

핫케이크 믹스로 만든
고구마블루베리머핀

까다롭고 어려운 과정이 전혀 없는 아주아주 쉬운 고구마블루베리머핀이에요.
빵이라고 해서 시작하기 전에 겁먹지 마세요.
정말 쉽게 집에서 빵을 만들 수 있어요.

🐰 재료

달걀 1개, 버터 50g, 찐 고구마 1개, 건조 블루베리 2숟가락, 핫케이크 믹스 50g
* 버터와 달걀은 한 시간 정도 미리 상온에 꺼내두고 냉기를 뺀다.

🐰 만들기

1. 버터를 실온에 두고 말랑해지면 거품기로 풀어놓는다.
2. 달걀에 버터를 넣고 잘 섞는다.
3. ②에 고구마, 블루베리, 핫케이크 믹스를 넣고 섞어서 반죽을 만든다.
4. 머핀 틀에 반죽을 나눠 담고, 에어프라이어에서 180도로 10~12분간 구워서 완성.

● 블루베리 대신 당근을 갈아서 물기를 빼고 넣으면 고구마당근머핀이 돼요.

두부와 채소를 넣어서 건강한 엄마표
닭가슴살핫바

카레가루를 넣어서 잡내까지 잡은 닭가슴살핫바예요.
핫바에 막대를 꽂아서 아이들 손에 쥐여주면 학교 앞 분식집 풍경이 따로 없어요.

🐰 재료

닭 가슴살 2개(300g), 오이고추 1개, 빨간 파프리카 1/4개, 두부 1/6모, 통조림 옥수수 3숟가락, 카레가루 2숟가락, 전분 3숟가락, 요리술 1숟가락, 소금 약간, 후추 약간, 식용유

🐰 만들기

1. 닭 가슴살, 오이고추, 파프리카는 다진 후 섞는다.
2. 두부는 손으로 물기를 꼭 짠다.
3. 볼에 식용유를 뺀 나머지 재료를 모두 넣고 끈기가 생길 때까지 치댄다.
4. 반죽을 핫바 모양으로 빚는다.
5. 프라이팬에 식용유를 두르고, 중불에서 핫바를 앞뒤로 노릇하게 굽는다.
6. 잘 익은 핫바를 한 김 식힌 후 막대를 꽂아서 완성.

● 어른용 핫바에는 청양고추를 넣어서 만들어보세요. 채소는 다른 것으로 대체해도 되지만, 통조림 옥수수는 꼭 넣는 것을 추천합니다.

너무너무 간단한
치즈밥전

치즈를 넣으면 달걀만 넣은 것보다 색이 노랗고, 훨씬 더 고소해요.
채소를 넣어서 만든 밥전도 맛있지만, 치즈만 넣은 밥전도 고소하고 맛있답니다.

재료

달걀 2개, 슬라이스 치즈 2장, 밥 1공기, 소금 약간, 식용유

만들기

1 따뜻한 밥에 치즈를 넣고 비빈다.
   TIP 치즈가 잘 녹지 않으면 전자레인지에 30초 정도 돌려요.
2 비빈 밥에 달걀을 넣고, 소금으로 간하고 잘 섞는다.
3 프라이팬에 식용유를 두르고, 밥 반죽을 동글납작하게 올려 앞뒤로 노릇하게 부쳐서 완성.

포슬포슬해서 식감이 재미있는
크럼블토스트

식빵 위에 소보로를 듬뿍 얹어서 구웠어요.
한 입 베어 물면 폭신한 소보로가 고소하고 달콤해서 오후를 책임지는 간식이에요.

🐰 재료

식빵 4장, 꿀 4숟가락, 슬라이스 아몬드 2숟가락

소보로 버터 60g, 설탕 40g, 박력분 100g

🐰 만들기

1. 소보로 재료는 버터를 부숴가며 손으로 꽉 쥐면 뭉쳐질 때까지 잘 섞는다.
2. 섞은 소보로는 냉장고에 잠시 둔다.
3. 종이 호일을 깔고, 식빵 위에 꿀을 골고루 뿌리고 아몬드 → 소보로 순으로 토핑을 얹는다.
4. ③을 에어프라이어에서 180도로 10분간 구워서 완성.

● 꿀 대신 올리고당, 슬라이스 아몬드 대신에 다른 견과류를 사용해도 괜찮아요.

홈런 날린 간식
만두간장떡볶이

별다른 재료를 넣지 않았는데도 아이들이 너무너무 잘 먹어서,
홈런 날린 기분이 드는 간식이 있어요.
만두간장떡볶이는 간장 양념이 베이스라서 매운 떡볶이를 못 먹는 아이들도
잘 먹을 수 있답니다.

재료

떡볶이 떡 20개, 물 적당량, 절단 다시마 1조각, 진간장 1숟가락, 올리고당 1.5숟가락, 냉동 만두 7개, 대파 적당량, 참기름 0.5숟가락, 깨 약간

만들기

1. 프라이팬에 떡을 넣고, 재료가 잠길 만큼 물을 부은 후 다시마를 넣고 끓인다.
2. 떡이 말랑말랑하게 익으면 다시마를 건져내고 진간장, 올리고당을 넣고 잘 섞는다.
3. 만두를 추가하고 같이 끓이다가, 만두가 익으면 대파를 잘라 넣은 후 참기름, 깨를 뿌려서 완성.

- 만두 대신 비엔나소시지를 넣어도 맛있어요.

바삭하고 쫀득해서 또 해주세요
고구마치즈볼

가을철에 고구마를 한 박스씩 사곤 하는데, 먹다 보면 꼭 몇 개는 시들시들해져서 버리기 일쑤예요. 이럴 땐 남은 거를 몽땅 쪄서 고구마치즈볼을 해보세요. 아이들이 좋아할 수밖에 없는 달콤하고 바삭한 간식이에요.

재료

삶은 고구마 3개, 식빵 1/2, 모차렐라 치즈 6숟가락, 빵가루 6숟가락

만들기

1. 삶은 고구마를 식기 전에 으깬다.
   TIP 고구마의 당도에 따라 꿀이나 올리고당을 추가하세요.
2. 식빵을 토스터기에 구운 후 작게 자르고, 고구마와 섞어서 반죽을 만든다.
3. 반죽을 적당량 떼어내어 치즈를 넣고 동그랗게 뭉친다.
4. 고구마치즈볼에 빵가루 옷을 입힌다.
5. 튀김 냄비에 식용유를 붓고, 빵가루를 떨어트려 보글보글 올라오면 고구마치즈볼을 넣고 노릇하게 튀겨서 완성.
   TIP 속 재료는 다 익었기 때문에 오래 튀기지 않아도 돼요.

핫케이크 믹스로 만들 수 있어서 언제든 가능한
간단채소빵

핫케이크 믹스에 재료를 추가하면, 새로운 간식이 돼요.
핫케이크 믹스에 채소와 치즈를 넣고 말아서 엄마표 간식을 만들어보세요.

재료

다진 햄 약간, 다진 파프리카 약간, 다진 양파 약간, 슬라이스 치즈 1장, 식용유

핫케이크 반죽 핫케이크 믹스 250g, 달걀 1개, 우유 150ml

 만들기

1 핫케이크 반죽 재료는 잘 섞어서 반죽을 만든다.
2 반죽에 햄, 파프리카, 양파를 넣고 섞는다.
3 프라이팬에 식용유를 두르고, 반죽을 얇게 부어서 앞뒤로 노릇노릇하게 부친다.
   TIP 반죽을 두껍게 부치면 잘 말리지 않으니 유의하세요.
4 김발 위에 ③을 올리고 치즈를 얹은 후 말아주고, 먹기 좋은 크기로 잘라서 완성.

담백하고 고소한~ 소떡소떡
치즈달걀떡볶이

달걀떡볶이는 몇 년 전에 TV에서 보고 알게 되었는데요,
제 나름대로 아이들이 좋아하는 치즈와 소시지를 추가해서 만들어보았어요.
특별한 양념이 들어가지 않지만, 담백하고 고소해서 아이들이 좋아해요.

🐰 재료

쌀 떡볶이 떡 20개, 비엔나소시지 10개, 양파 1/2개, 달걀 2개, 모차렐라 치즈 2~3숟가락, 소금 약간, 식용유

🐰 만들기

1 끓는 물에 떡과 소시지를 1분간 데치고, 체에 밭쳐 물기를 뺀다.
2 양파는 채 썰고, 달걀은 소금으로 간하고 풀어놓는다.
3 프라이팬에 식용유를 두르고, 양파를 볶는다.
4 양파가 거의 익으면 떡과 소시지를 넣고 소금으로 간하고 같이 볶는다.
5 떡과 소시지가 익으면 달걀물을 붓고 스크램블하면서 같이 볶다가, 치즈를 올리고 녹으면 완성.

오후를 책임지는
동글동글어묵밥

구멍이 뚫린 긴 어묵은 구운 어묵이에요.
여기에 밥을 꼭꼭 눌러 넣어서 구워주면 동글동글 귀여운 어묵밥이 된답니다.
밥이 조금 들어가기 때문에 간식으로 잘 어울려요.

🐰 재료

구운 어묵 4줄, 밥 1/2공기, 참기름 0.5 숟가락, 깨 약간, 후추 약간, 진간장 1숟가락, 올리고당 1숟가락, 식용유

🐰 만들기

1. 끓는 물에 한 입 크기로 자른 구운 어묵을 1~2분간 데친 후 체에 받쳐 물기를 뺀다.
2. 밥에 참기름, 깨, 후추를 넣고 비빈다.
3. 어묵 구멍에 밥을 꽉꽉 채워 넣는다.
4. 프라이팬에 식용유를 두르고, 어묵밥을 노릇하게 볶다가 간장과 올리고당을 넣고 재빨리 섞어서 완성.

   TIP 반찬이 아니니까 간장은 조금만 넣으세요.

단짠단짠 달콤달콤~
고구마떡구이

고구마와 간장 양념은 단짠단짠으로 잘 어울리는 조합이에요.
고구마와 떡을 함께 구워서 간식으로 해주었더니 아이들이 참 좋아했어요.

🐰 재료

고구마 1개, 떡볶이 떡 15개, 땅콩 분태 0.5숟가락, 식용유

양념 진간장 2숟가락, 다진 마늘 0.5숟가락, 올리고당 2숟가락, 물 3숟가락

🐰 만들기

1. 고구마는 껍질을 벗겨 한 입 크기로 자른 후 프라이팬에 식용유를 두르고 노릇하게 굽는다.
2. 고구마가 익으면 떡을 넣고 약불에서 같이 볶는다.
3. 양념 재료는 잘 섞는다.
4. 떡이 쫀득하게 익으면 양념을 붓고 양념이 끈적해질 때까지 조린 후 땅콩 분태를 뿌려서 완성.

파스타 소스로 맛을 낸
닭가슴살피자토스트

파스타 소스가 있으면 피자에 버금가는 맛있는 피자토스트를 만들 수 있어요.
또띠아를 활용하면 또띠아피자를 만들어줄 수도 있답니다.
이제 집에서 아이들이 좋아하는 피자를 만들어주세요.

🐰 재료

닭 가슴살 1개(150g), 브로콜리 꽃봉오리 2개, 양파 1/8개, 파스타 소스 5숟가락, 식빵 2개, 모차렐라 치즈 4숟가락, 체다치즈 2장, 식용유

밑간 다진 마늘 0.5숟가락, 맛술 1숟가락, 후추 약간

🐰 만들기

1. 닭 가슴살은 한 입 크기로 자른 후 밑간한다.
2. 브로콜리와 양파는 작게 자른다.
3. 프라이팬에 식용유를 두르고, 닭 가슴살, 브로콜리, 양파를 볶는다.
4. 닭 가슴살이 익으면 파스타 소스를 붓고 파스타 소스가 재료에 밸 때까지 1~2분가량 더 볶는다.
5. 식빵 위에 볶은 재료를 적당량 올리고 모차렐라 치즈 → 체다치즈 순으로 토핑을 올린다.
6. ⑤를 에어프라이어에서 170도로 5분간 구워서 완성.

달콤달콤 영양 듬뿍
호두고구마피자

호두는 아이들이 견과류를 먹을 수 있는 나이부터 챙겨 먹여온 간식이에요.
깐 호두 말고 새로운 간식을 생각하다가 만들게 되었어요.

🐰 재료

찐 고구마 1개, 우유 3~4숟가락, 호두 1/2컵, 꿀 1숟가락, 또띠아(12호) 1장, 아몬드 슬라이스 1숟가락, 건포도 1숟가락, 모차렐라 치즈 2숟가락, 소금 약간

🐰 만들기

1. 찐 고구마는 식기 전에 으깨고, 우유를 넣고 잘 섞는다.
   TIP 우유는 고구마의 농도를 봐가면서 부드러워질 정도로만 넣으세요.
2. 호두는 잘게 다진다.
3. 고구마에 다진 호두, 꿀, 소금을 넣고 잘 섞는다.
4. 또띠아 위에 고구마를 잘 펴 바른 후 아몬드 슬라이스 → 건포도 → 치즈 순으로 취향껏 토핑을 올린다.
5. ④를 에어프라이어에서 180도로 3~5분간 구워서 완성.

- 고구마 대신 단호박 또는 밤호박으로 요리해도 맛있어요.

집에서도 즐겨요
브런치피자

달걀과 소시지가 들어간 피자예요. 아이들을 등교시키고 여유 있게 즐겨보세요.
만들기도 간단해서 뚝딱 해 먹을 수 있어요.
물론 아이들 간식으로도 좋지만 오늘은 나만을 위한 요리를 해보세요.

🐰 재료

또띠아(6호) 2장, 모차렐라 치즈 4숟가락, 스파게티 소스 2~3숟가락, 비엔나소시지 8개, 브로콜리 꽃봉오리 1개, 달걀 1개, 파프리카 약간, 소금 약간

🐰 만들기

1. 또띠아에 치즈 2숟가락을 올리고 다른 또띠아로 덮는다.
2. 또띠아 위에 스파게티 소스를 바르고, 반으로 자른 소시지를 또띠아 둘레를 따라 원으로 놓는다.
3. 소시지 원 안으로 브로콜리를 놓고, 가운데에 달걀을 깨트려 올린 후 소금으로 간한다.
4. 마지막으로 치즈를 취향껏 얹고 다진 파프리카를 듬성듬성 올린다.
5. ④를 에어프라이어에서 145도로 18~20분간 구워서 완성.
   TIP 취향껏 시간을 조절해가며 달걀의 익힘 정도를 맞추세요.

특별한 재료가 없어도 가능한 엄마의 비밀 병기
감자밥동그랑땡

감자튀김 같은 밥전이에요.
가끔 별미로 해주면 아이들이 좋아하는 엄마의 비밀 병기예요.

🐰 재료

찐 감자 1개, 냉동 새우살 5마리, 밥 1/2공기, 소금 약간, 식용유

🐰 만들기

1. 찐 감자는 식기 전에 포크로 으깨고, 새우는 대충 다진다.
2. 밥에 감자, 새우를 넣고 소금으로 간하고 잘 섞는다.
3. 밥을 동글납작한 모양으로 빚는다.
4. 팬에 식용유를 두르고, 약불에서 밥을 앞뒤로 노릇노릇하게 구워서 완성

타코야키 팬으로 만드는
미니핫도그

작고 귀여운 사이즈라서 아이들 간식뿐만 아니라 도시락 쌀 때도 좋아요.
당근이나 브로콜리 대신 냉장고에 남은 재료를 활용해도 괜찮아요.

🐰 재료

비엔나소시지 16개, 당근 적당량, 브로콜리 적당량, 핫케이크 믹스 250g, 달걀 1개, 우유 200ml, 식용유

🐰 만들기

1. 소시지는 반으로 자른 후 뜨거운 물에 담가놓는다.
2. 당근과 브로콜리는 곱게 다진다.
3. 핫케이크 믹스, 달걀, 우유, 당근, 브로콜리를 잘 섞어서 반죽을 만든다.
4. 타코야키 팬의 윗부분까지 식용유를 꼼꼼하게 바른다.
5. 타코야키 팬에 반 정도 차도록 반죽을 붓고, 소시지를 1개씩 넣은 후 다시 반죽을 부어 소시지를 덮는다.
6. 익기 시작하면 꼬치로 넘친 반죽을 모아가면서 뒤집고, 굴리면서 노릇노릇하게 익혀서 완성.

   TIP 취향껏 설탕과 케첩을 뿌려 먹으세요.

진한 맛의 부드러움
감자우유조림

간식으로도 좋고, 든든해서 간단한 한 끼로도 좋아요.
걸쭉한 소스가 감자와 어우러져 매우 부드럽답니다.

🐰 재료

삶은 감자 2개, 마늘 1개, 우유 1/2컵, 슬라이스 치즈 1장, 소금 약간, 후추 약간, 파슬리가루 약간(생략 가능), 식용유

🐰 만들기

1 삶은 감자는 껍질을 벗겨 먹기 좋게 자르고, 마늘은 다진다.
2 프라이팬에 식용유를 두르고, 마늘을 볶고, 마늘 향이 올라오면 감자를 넣고 1~2분간 같이 볶는다.
3 우유와 치즈를 추가하고 우유가 걸쭉해질 때까지 조리고, 소금, 후추로 간한 후 파슬리가루를 뿌려서 완성.

우리 아이를 위한
고구마우유파스타

고구마와 우유는 원래 잘 어울리잖아요.
여기에 치즈를 넣어서 고소함을 더했어요.
파스타는 식사와 간식으로 모두 손색이 없어서 참 좋은 메뉴예요.

🐰 재료

푸실리 1공기, 고구마 1개, 물 적당량, 꿀 1숟가락, 우유 150ml, 슬라이스 치즈 1장, 소금 약간, 식용유

🐰 만들기

1. 끓는 물에 소금을 넣고 푸실리를 삶은 후 체에 밭쳐 물기를 뺀다.
2. 고구마는 작게 깍둑썰기한다.
3. 프라이팬에 고구마를 넣고 재료가 반쯤 잠길 만큼 물을 부은 후 꿀을 넣고 삶는다.
4. 고구마 삶는 물이 다 없어질 정도가 되면 식용유를 두르고, 푸실리를 넣고 고구마가 깨지지 않도록 살살 볶는다.
5. 우유와 치즈를 추가하고, 소금으로 간한 후 잘 섞는다.
6. 치즈가 녹고, 우유가 걸쭉해질 때까지 끓여서 완성.

> ● 아이들이 먹기엔 긴 면발보다는 포크로 찍어 먹을 수 있는 푸실리나 캐릭터 파스타가 좋아요. 우유와 두부 1/4모를 같이 갈아서 넣으면 더욱 퀄리티가 높은 고구마우유파스타를 만들 수 있어요.

누구나 좋아할 거예요
양념닭튀김

집에 와서 아이들이 얼마나 좋아할까?
좋아서 커진 눈망울을 볼 생각에 만들면서 엄마 또한 기대가 되는 간식이에요.
맛있는 간식을 먹으면, 학원 가는 발걸음도 가벼워진답니다.

25 min | 2 인분

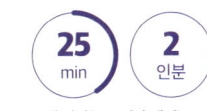

(고기를 우유에 담가놓는 시간 제외)

재료

닭 가슴살 2개(300g), 우유 300ml, 튀김가루 9숟가락, 물 120ml, 견과류 믹스 1봉지, 소금 약간, 후추 약간, 식용유

소스 진간장 1.5숟가락, 다진 마늘 0.5숟가락, 설탕 1숟가락, 케첩 3숟가락, 올리고당 1숟가락, 요리술 1숟가락

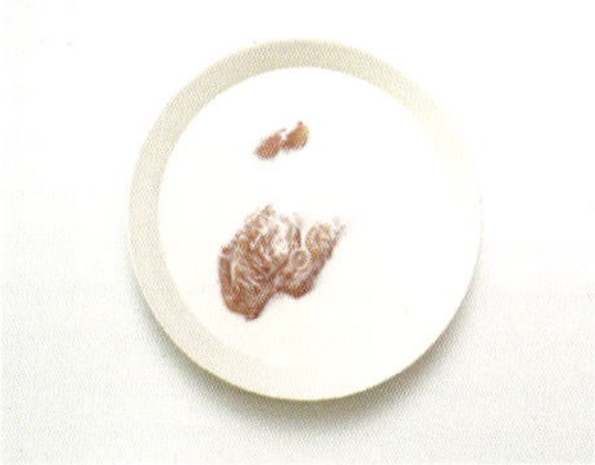
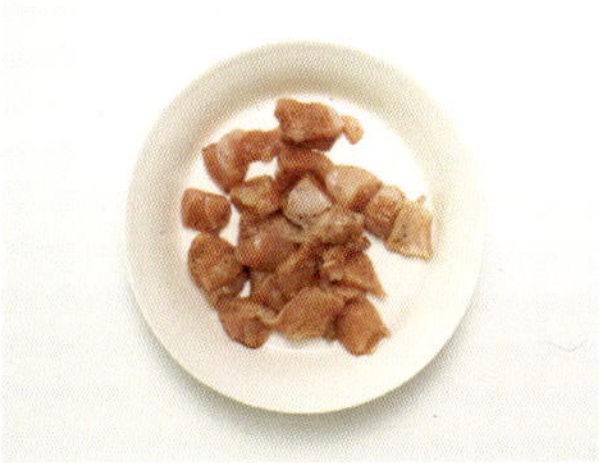
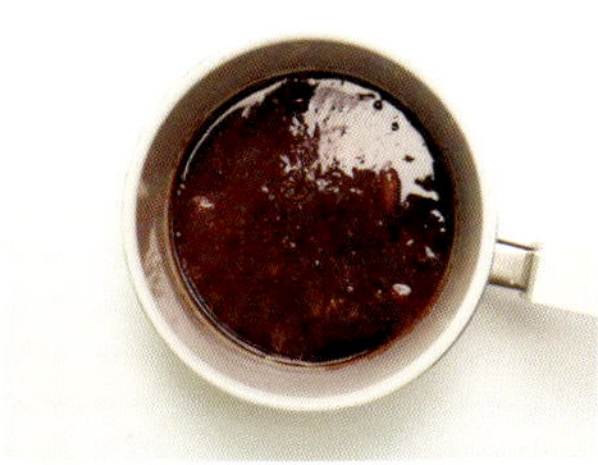
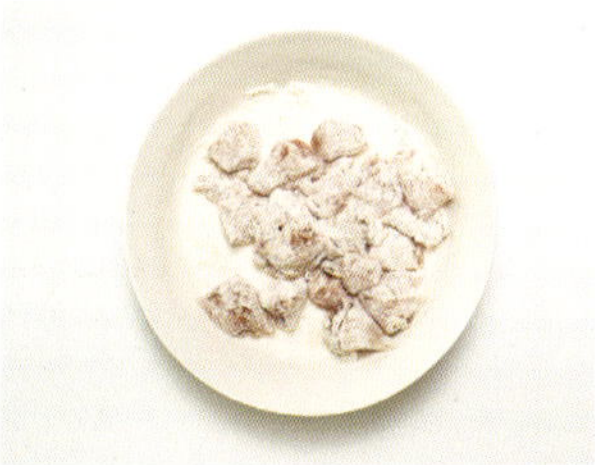
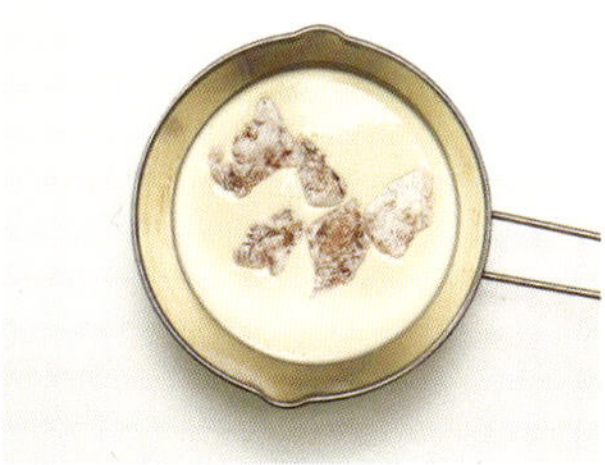
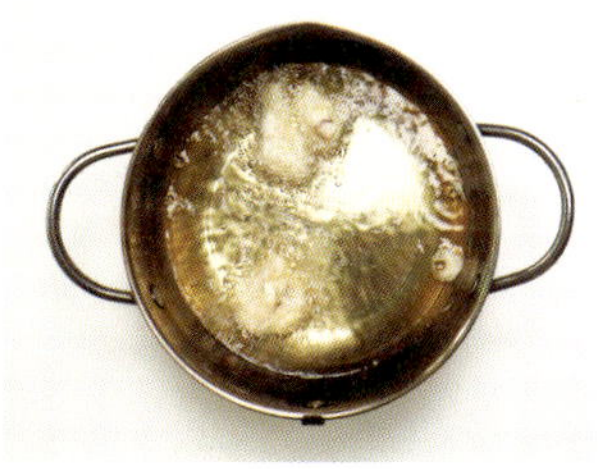
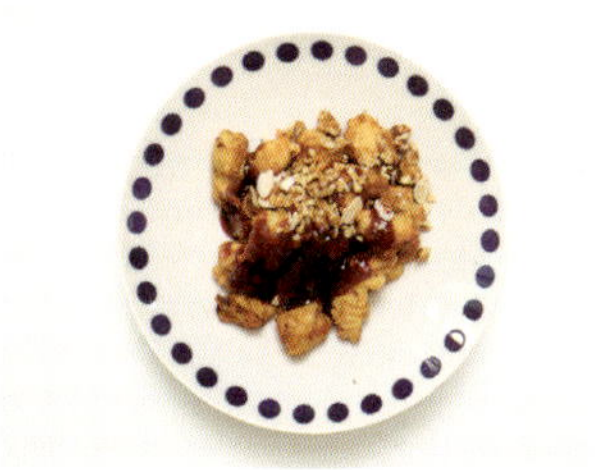

만들기

1 닭 가슴살을 우유에 30분 정도 담가두었다가 물에 헹군 후 물기를 뺀다.

2 닭 가슴살을 한 입 크기로 자르고, 소금과 후추로 밑간한다.

3 프라이팬에 소스 재료를 모두 넣고 중불에서 끓인다.
4 소스가 잘 섞이면 그릇에 담아서 한 김 식힌다.
5 볼에 튀김가루 7숟가락을 넣고 찬물을 조금씩 더하면서 걸쭉한 농도가 될 때까지 섞어서 튀김 반죽을 만든다.
6 닭 가슴살에 튀감가루 → 튀김 반죽 순으로 옷을 입힌다.
7 튀김 냄비에 식용유를 붓고, 튀김가루를 떨어트려 보글보글 올라오면 닭 가슴살을 넣고 노릇하게 튀긴다.
8 큰 볼에 튀긴 닭 가슴살을 담고, 소스와 견과류를 넣고 잘 버무려서 완성.

찾아보기

ㄱ

가자미조림 84
가지소고기볶음 168
간단짜장밥 44
간단채소빵 224
감자멸치조림 192
감자밥동그랑땡 238
감자수프와 치즈토스트 36
감자우유조림 242
게맛살달걀찜 48
게맛살양배추죽 64
게맛살오믈렛달걀말이 42
고구마떡구이 230
고구마블루베리머핀 212
고구마수프 56
고구마우유파스타 244
고구마치즈볼 222
고등어간장조림 94
김가루두부부침 202
꼭꼭숨어토스트 210
꽈리고추돼지고기완자장조림 188

ㄷ

달걀김자반주먹밥 40
달걀말이밥 34
달걀칼국수 146
닭가슴살고구마조림 178
닭가슴살고추장양념구이 132
닭가슴살꼬치 126
닭가슴살데리야키구이 136
닭가슴살장조림 180
닭가슴살채소죽 72

닭가슴살치즈함박스테이크 110
닭가슴살튀김 80
닭가슴살피자토스트 232
닭가슴살핫바 214
닭다리닭죽 75
닭다리살닭한마리 88
닭다리채소조림 102
닭봉케첩구이 92
닭안심주물럭 138
대패삼겹마파두부 152
돈가스 90
동글동글어묵밥 228
돼지갈비양념미트볼 116
돼지고기볶음 104
두부새우국 54
두부주먹밥 150
떡갈비 96

ㄹ

로제소스닭다리살구이 124

ㅁ

마늘닭봉간장조림 118
만두간장떡볶이 220
명란젓국 66
미니핫도그 240
미역떡국 62

ㅂ

반반미트볼 86
버섯두부소보로덮밥 144
버섯시금치들깨무침 186

베이컨감자채전 115
베이컨김치김밥 156
부추새우볶음밥 142
브런치피자 236

ㅅ

삼겹살조림 82
새우매생이전 38
새우살애호박볶음 166
새우완자전 134
새우젓뭇국 60
소고기감자조림 120
소고기떡볶음 108
소고기볶음밥 154
소고기숙주볶음 128
소고기순두부국 58
소고기시래깃국 70
소고기주먹밥 148
소고기찹스테이크 122
소시지파프리카볶음 204
수제미트볼 98
숙주나물무침 190
순두부팽이버섯카레 160
식빵달걀말이 50

ㅇ

양념닭튀김 246
양파달걀볶음밥 162
어묵당면볶음 170
어묵부추김밥 158
육전 106

ㅈ

잡채용돼지고기볶음 172
진미채꽈리고추조림 184

ㅊ

참치김치동그랑땡 194
참치미역국 68
참치카레전 130
치즈감자채전 113
치즈달걀떡볶이 226
치즈밥전 216

ㅋ

카레두부동그랑땡 176
카레생선가스 100
크럼블토스트 218

ㅌ

토마토치즈떡파게티 208

ㅍ

팽이버섯달걀말이 200
팽이버섯두부조림 198
팽이버섯새우전 174

ㅎ

호두고구마피자 234
황태채무침 182
후리가케감자채전 114
후리가케달걀찜 47
후리가케두부부침 196

달곰삼삼네 삼 남매
집밥 레시피

펴낸날 초판 1쇄 2025년 6월 30일

지은이 달곰삼삼

발행인 임호준
출판 팀장 정영주
책임 편집 김경애 | **편집** 조유진 박인애
디자인 김지혜 | **마케팅** 이규림 정서진
경영지원 박정식 유태호 신혜지 최단비 김현빈

인쇄 도담프린팅

펴낸곳 비타북스 | **발행처** (주)헬스조선 | **출판등록** 제2-4324호 2006년 1월 12일
주소 서울특별시 중구 세종대로 21길 30 | **전화** (02) 724-7648 | **팩스** (02) 722-9339
인스타그램 @vitabooks_official | **포스트** post.naver.com/vita_books | **블로그** blog.naver.com/vita_books

©달곰삼삼, 2025

이 책은 저작권법에 따라 보호를 받는 저작물이므로 무단 전재와 무단 복제를 금지하며,
이 책 내용의 전부 또는 일부를 이용하려면 반드시 저작권자와 (주)헬스조선의 서면 동의를 받아야 합니다.
책값은 뒤표지에 있습니다. 잘못된 책은 서점에서 바꾸어 드립니다.

ISBN 979-11-5846-445-3 13590

> 비타북스는 독자 여러분의 책에 대한 아이디어와 원고 투고를 기다리고 있습니다.
> 책 출간을 원하시는 분은 이메일 vbook@chosun.com으로 간단한 개요와 취지, 연락처 등을 보내주세요.

비타북스는 건강한 몸과 아름다운 삶을 생각하는 (주)헬스조선의 출판 브랜드입니다.